OSCAR WILDE

BUNBURY

ODER

ES IST WICHTIG, ERNST ZU SEIN

EINE TRIVIALE KOMÖDIE FÜR ERNSTHAFTE LEUTE

ÜBERSETZUNG UND NACHWORT
VON RAINER KOHLMAYER

PHILIPP RECLAM JUN. STUTTGART

Englischer Originaltitel:
The Importance of Being Earnest
A Trivial Comedy for Serious People

Umschlagillustration: Wilhelm Föckersperger

Universal-Bibliothek Nr. 8498

Revidierte Ausgabe 1988
Die Aufführungs- und Senderechte für Bühne, Hörfunk und Fernsehen vergibt der Steyer Verlag, Münchner Straße 18, 83395 Freilassing
Gesamtherstellung: Reclam, Ditzingen. Printed in Germany 1994

ISBN 3-15-008498-9

Personen

JOHN WORTHING, *Friedensrichter*
ALGERNON MONCRIEFF
PASTOR CHASUBLE, *Dr. theol.*
MERRIMAN, *Butler*
LANE, *Diener*
LADY BRACKNELL
HONOURABLE GWENDOLEN FAIRFAX
CECILY CARDEW
MISS PRISM, *Gouvernante*

Ort der Handlung

Erster Akt: Algernon Moncrieffs Wohnung in der Half-Moon Street, London, W.
Zweiter Akt: Garten des Manor House, Woolton, Hertfordshire.
Dritter Akt: Salon im Manor House, Woolton.

Zeit

Gegenwart [etwa 1895]. – Das Stück wurde am 14. Februar 1895 im Londoner St.-James-Theater uraufgeführt. Oscar Wilde hat es seinem Freund Robert Baldwin Ross gewidmet.

Erster Akt

Luxuriös und künstlerisch ausgestattetes Zimmer in Algernons Wohnung in der Half-Moon Street, London. Aus dem benachbarten Zimmer dringt Klavierspiel.

Lane deckt den Tisch für den Nachmittagstee. Die Musik hört auf, Algernon kommt ins Zimmer.

ALGERNON. Haben Sie gehört, was ich da gespielt habe, Lane?

LANE. Ich hielt es für höflicher, nicht zuzuhören, Sir.

ALGERNON. Pech für Sie, Lane. Ich spiele zwar nicht genau nach den Noten – genau spielen kann jeder –, aber ich spiele mit wunderbarem Ausdruck. Auf dem Piano ist Gefühl mein Forte. Wissenschaft gehört ins Leben.

LANE. Ja, Sir.

ALGERNON. Und apropos Wissenschaft: sind die Gurkensandwiches für Lady Bracknell schon fertig?

LANE. Ja, Sir. *(Präsentiert ein Tablett mit Gurkensandwiches.)*

ALGERNON *(sieht sie sich an, nimmt zwei und setzt sich aufs Sofa)*. Oh! ... Übrigens, Lane, in Ihrem Haushaltsbuch steht, am Donnerstagabend, als Lord Shoreman und Mr. Worthing hier dinierten, seien acht Flaschen Champagner geleert worden.

LANE. Ja, Sir; acht Flaschen und eine halbe.

ALGERNON. Wie kommt es eigentlich, daß in einem Junggesellenhaushalt die Diener ständig den Champagner wegtrinken. Ich frage nur aus Neugier.

LANE. Meiner Meinung nach ist es eine Frage der besseren Qualität, Sir. Ich habe oft bemerkt, daß in Ehehaushalten praktisch keine Spitzenmarken zu finden sind.

ALGERNON. Du meine Güte! Ist das Eheleben derart demoralisierend?

LANE. Ach, ich glaube, der Ehestand hat durchaus auch seine

angenehmen Seiten, Sir. Ich habe allerdings persönlich noch sehr wenig Erfahrung auf dem Gebiet. Ich bin bisher erst einmal verheiratet gewesen. Das war infolge eines Mißverständnisses zwischen mir und einer jungen Person.

ALGERNON *(gelangweilt).* Ich fürchte, Ihr Familienleben interessiert mich nicht allzu sehr.

LANE. Gewiß nicht, Sir; es ist kein sehr interessantes Thema. Ich selbst denke nie daran.

ALGERNON. Absolut verständlich. Das wärs, Lane, vielen Dank.

LANE. Vielen Dank, Sir. *(Lane geht hinaus.)*

ALGERNON. Lanes Auffassung von der Ehe kommt mir doch ziemlich lax vor. Ich muß schon sagen, wenn uns die unteren Stände kein gutes Beispiel geben, wozu dienen sie dann eigentlich noch? Mir scheint, diese Gesellschaftsklasse hat keinerlei moralisches Verantwortungsgefühl. *(Lane tritt auf.)*

LANE. Mr. Ernst Worthing.
(Jack tritt auf. Lane geht ab.)

ALGERNON. Na wie geht's, mein lieber Ernst? Was führt dich nach London?

JACK. Oh, Vergnügen, Vergnügen! Was denn sonst? Wieder mal am Essen, Algy, wie üblich!

ALGERNON *(pikiert).* In besseren Kreisen ist es nun einmal Brauch, um fünf Uhr einen leichten Imbiß einzunehmen. Wo hast du seit letzten Donnerstag gesteckt?

JACK *(setzt sich aufs Sofa).* Ich war auf dem Land.

ALGERNON. Was in aller Welt hast du denn dort verloren?

JACK *(zieht die Handschuhe aus).* Wenn man in der Stadt ist, amüsiert man sich selbst. Wenn man auf dem Land ist, amüsiert man die andern. Fürchterlich langweilig.

ALGERNON. Was für Leute sind das, die du dort amüsierst?

JACK *(leichthin).* Oh, Nachbarn, Nachbarn.

ALGERNON. Hast du nette Nachbarn in deiner Gegend in Shropshire?

JACK. Unmögliches Volk! Rede kein Wort mit denen.

ALGERNON. Das muß sie allerdings sehr amüsieren! *(Geht zum Tisch und nimmt sich ein Gurkensandwich.)* Übrigens, du wohnst doch in Shropshire, stimmts?

JACK. Wieso Shropshire? Ach so, ja, natürlich. Hallo, hallo! Wozu die vielen Tassen? Wozu Gurkensandwiches? Wozu solch verschwenderischer Luxus in so zartem Jünglingsalter? Wer kommt denn zum Tee?

ALGERNON. Ach, nur Tante Augusta und Gwendolen.

JACK. Oh, das ist ja wunderbar!

ALGERNON. Tja, das denkst *du*! Ich fürchte nur, Tante Augusta ist über deine Anwesenheit nicht gerade erfreut.

JACK. Darf ich erfahren, warum?

ALGERNON. Mein lieber Junge, die Art und Weise, wie du mit Gwendolen flirtest, ist ausgesprochen peinlich, fast so peinlich wie Gwendolens Art, mit dir zu flirten.

JACK. Ich liebe Gwendolen. Ich bin heute eigens nach London gekommen, um ihr einen Heiratsantrag zu machen.

ALGERNON. Ich dachte, du kommst zum Vergnügen? Ich nenne das eine Geschäftsreise.

JACK. Wie kann man nur so unromantisch sein!

ALGERNON. Ich verstehe beim besten Willen nicht, was ein Heiratsantrag mit Romantik zu tun hat. Es ist sehr romantisch, verliebt zu sein; aber ein definitiver Antrag hat doch gar nichts Romantisches an sich. Womöglich wird er angenommen! So ist es meistens, glaube ich. Damit ist die Spannung vorbei. Ungewißheit ist das Wesen des Romantischen schlechthin. Wenn ich je heiraten sollte, werde ich mich auf jeden Fall bemühen, mich nicht daran zu erinnern.

JACK. Das glaube ich dir gerne, Algy. Das Scheidungsgericht wurde speziell für Leute erfunden, deren Gedächtnis so kurios beschaffen ist.

ALGERNON. Ach, es ist zwecklos, darüber zu grübeln. Scheidungen werden im Himmel beschlossen –

(Jack ist im Begriff, ein Gurkensandwich zu nehmen. Algernon interveniert sofort.)
Bitte,laß die Gurkensandwiches. Die sind ausschließlich für Tante Augusta. *(Nimm sich eins und ißt es.)*

JACK. Na hör mal, du ißt doch schon die ganze Zeit davon.

ALGERNON. Das ist ja auch ein ganz anderer Fall. Sie ist meine Tante. *(Holt Teller von unten.)* Hier, nimm dir ein Butterbrot. Die Butterbrote sind für Gwendolen. Gwendolen schwärmt für Butterbrot.

JACK *(bedient sich)*. Mmm, schmeckt wirklich ausgezeichnet.

ALGERNON. Aber aber, mein Lieber, nur schön langsam, du brauchst nicht gleich alle aufzuessen. Du benimmst dich, als wärst du schon mit ihr verheiratet. Du bist noch keineswegs mit ihr verheiratet, und ich glaube auch nicht, daß es dazu kommt.

JACK. Was zum Teufel meinst du damit?

ALGERNON. Nun, erstens einmal heiraten Frauen niemals die Männer, mit denen sie flirten. Die Frauen denken, das schickt sich nicht.

JACK. Ach, das ist Unsinn!

ALGERNON. Keineswegs. Es ist eine tiefe Wahrheit. Daraus erklärt sich auch die gewaltige Zahl von Junggesellen, die einem auf Schritt und Tritt begegnen. Zweitens: ich verweigere meine Einwilligung.

JACK. Du verweigerst deine Einwilligung, na so was!

ALGERNON. Tja, mein Lieber, Gwendolen ist meine Cousine ersten Grades, und bevor ich zulasse, daß du sie heiratest, mußt du mir erst einmal die ganze Sache mit Cecily erklären. *(Läutet dem Diener.)*

JACK. Cecily! Was zum Teufel ist das nun wieder? Was meinst du damit? Ich kenne niemanden, der Cecily heißt.

(Lane tritt auf.)

ALGERNON. Bringen Sie mir bitte das Zigarettenetui, das Mr. Worthing kürzlich im Rauchsalon hat liegen lassen.

LANE. Sofort, Sir. *(Lane geht ab.)*

JACK. Soll das heißen, daß du die ganze Zeit über mein Zigarettenetui hier gehabt hast? Das hättest du mir wahrlich früher sagen können. Seit Tagen bombardiere ich Scotland Yard mit Briefen in der Angelegenheit. Fast hätte ich eine große Belohnung ausgesetzt.

ALGERNON. Das solltest du auch tun. Ich bin momentan außergewöhnlich knapp bei Kasse.

JACK. Jetzt wo das Ding wieder aufgetaucht ist, lohnt sich eine Belohnung doch nicht mehr.

(Lane bringt das Etui auf einem Tablett. Algernon nimmt es sofort an sich, Lane geht ab.)

ALGERNON. Ich muß schon sagen, Ernst, das kommt mir etwas schäbig vor. *(Öffnet das Etui.)* Andererseits spielt es keine Rolle, denn jetzt, wo ich die Inschrift hier lese, entdecke ich, daß das Ding doch nicht dir gehört.

JACK. Natürlich gehört es mir. *(Folgt Algy.)* Du hast es schon hundertmal bei mir gesehen, und du hast nicht das geringste Recht, darin herumzulesen. Es schickt sich nicht für einen britischen Gentleman, private Zigarettenetuis zu lesen.

ALGERNON. Ach, es ist doch absurd, eine feste Regel darüber aufstellen zu wollen, was man lesen und was man nicht lesen sollte. Die Kultur der Neuzeit beruht überwiegend auf verbotener Lektüre.

JACK. Ich bin mir dessen durchaus bewußt und habe auch nicht die Absicht, mit dir über Kultur zu diskutieren. Kultur ist kein Thema für ein privates Gespräch. Ich möchte ja nur mein Zigarettenetui wiederhaben.

ALGERNON. Ja, aber dies ist gar nicht dein Zigarettenetui. Dieses Zigarettenetui ist ein Geschenk von jemandem namens Cecily, und du hast vor einer Minute gesagt, daß du niemanden kennst, der so heißt.

JACK. Na gut, wenn du es unbedingt wissen willst, Cecily ist meine Tante.

ALGERNON. Deine Tante!

JACK. Ja. Ausgesprochen nette alte Dame, übrigens. Wohnt in Tunbridge Wells. Nun gib schon her, Algy.

ALGERNON *(geht hinter das Sofa).* Aber warum nennt sie sich kleine Cecily, wenn sie deine Tante ist und in Tunbridge Wells wohnt? *(Liest vor.)* »Von der kleinen Cecily in inniger Liebe«.

JACK *(geht zum Sofa, kniet darauf).* Also hör mal, was zum Teufel ist daran so ungewöhnlich? Manche Tanten sind groß, manche Tanten sind nicht groß. Die Entscheidung darüber sollte man doch wirklich einer Tante selbst überlassen. Du glaubst anscheinend, alle Tanten sollten genau wie deine Tante sein! Das ist absurd. Jetzt gib mir endlich mein Zigarettenetui zurück. *(Folgt Algernon durchs Zimmer.)*

ALGERNON. Ja, aber warum nennt deine Tante dich Onkel? »Von der kleinen Cecily in inniger Liebe für den lieben Onkel Jack«. Ich will durchaus nicht bestreiten, daß eine Tante eine kleine Tante sein kann, warum aber eine Tante – gleichgültig welchen Formats – ihren eigenen Neffen Onkel nennen sollte, das leuchtet mir nicht so recht ein. Außerdem heißt du gar nicht Jack, sondern Ernst.

JACK. Ich heiße nicht Ernst, sondern Jack.

ALGERNON. Du hast mir immer gesagt, du heißt Ernst. Ich hab dich immer vorgestellt als Ernst. Du hörst auf den Namen Ernst. Du siehst aus, als hießest du Ernst. Du bist der ernstest aussehende Mensch, dem ich je begegnet bin. Es ist völlig absurd, zu behaupten, dein Name sei nicht Ernst. Hier hast du es schriftlich: auf deiner Visitenkarte steht *(nimmt eine vom Bücherschrank)*: »Mr. Ernst Worthing, B. 4, The Albany, London«. Ich besitze hiermit ein wichtiges Beweisstück, daß dein Name Ernst ist, falls du es je leugnen solltest mir gegenüber, Gwendolen gegenüber oder anderen Personen gegenüber. *(Steckt die Visitenkarte in die Tasche.)*

JACK. Nun, in der Stadt heiße ich Ernst und auf dem Land

Jack, und das Zigarettenetui habe ich auf dem Land bekommen.

ALGERNON. Ja, aber das erklärt noch nicht, weshalb deine kleine Tante Cecily, die in Tunbridge Wells wohnt, dich ihren lieben Onkel nennt. Also komm schon, alter Junge, heraus damit.

JACK. Mein lieber Algy, du sprichst wie ein Zahnarzt. Es ist sehr gemein, wie ein Zahnarzt zu sprechen, wenn man kein Zahnarzt ist. Es ist geradezu nervtötend.

ALGERNON. Das gehört nun einmal zum Metier. Also, laß hören! Erzähl mir die ganze Geschichte. Ich darf wohl erwähnen, daß ich dich insgeheim schon immer für einen abgebrühten und verschwiegenen Bunburyaner gehalten hatte; und jetzt bin ich ganz sicher.

JACK. Bunburyaner? Was zum Teufel meinst du denn damit?

ALGERNON. Ich verrate dir die Bedeutung dieses wichtigen Ausdrucks, sobald du mir freundlicherweise erklärt hast, weshalb du in der Stadt Ernst und auf dem Land Jack heißt.

JACK. Gib mir erst mein Zigarettenetui.

ALGERNON. Bitteschön. *(Reicht es ihm.)* Nun gib deine Erklärung ab, und, bitte, laß deiner Phantasie freien Lauf. *(Setzt sich aufs Sofa.)*

JACK. Mein lieber Algy, meine Erklärung hat mit Phantasie nichts zu tun. Es handelt sich um eine ganz banale Geschichte. Mein Adoptivvater, der alte Mr. Thomas Cardew, bestimmte mich in seinem Testament zum Vormund seiner Enkelin Cecily Cardew. Cecily, die Onkel zu mir sagt, und zwar aus Gefühlen des Respekts, die du natürlich nicht verstehen kannst, wohnt zusammen mit ihrer tüchtigen Gouvernante, Miss Prism, bei mir auf dem Lande.

ALGERNON. Wo ist das eigentlich genau?

JACK. Das geht dich nichts an, mein Lieber. Du wirst nicht eingeladen ... Es handelt sich jedenfalls nicht um Shropshire.

ALGERNON. Das hatte ich längst vermutet, mein Junge! Shropshire habe ich nämlich schon zweimal in Sachen Bunbury bereist. Also weiter: Warum bist du Ernst in der Stadt und Jack auf dem Lande?

JACK. Mein lieber Algy, ich weiß nicht, ob du meine wirklichen Motive verstehen kannst; du bist doch wohl etwas zu oberflächlich dafür. Wenn man zum Vormund bestellt ist, ist man gezwungen, alles von einer höheren moralischen Warte aus zu sehen. Es ist eine Sache des Pflichtgefühls. Und da das Pflichtgefühl weder für das leibliche noch das geistige Wohlbefinden besonders förderlich ist – nun, um ab und zu nach London zu kommen, habe ich immer behauptet, ich hätte dort einen jüngeren Bruder namens Ernst, der ständig über die Stränge schlägt. Das, mein lieber Algy, ist die simple und reine Wahrheit.

ALGERNON. Die Wahrheit ist selten rein und niemals simpel. Das moderne Leben wäre sonst allzu langweilig, und die moderne Literatur wäre sogar völlig unmöglich!

JACK. Um so besser!

ALGERNON. Die Literaturkritik ist nicht deine starke Seite, mein guter Junge. Laß lieber die Finger davon. Das ist für Leute, die nicht studiert haben. In den Zeitungen wird das immer so schön gemacht. Du bist schlicht und einfach ein Bunburyaner. Ich hatte also recht. Du bist sogar einer der fortgeschrittensten Bunburyaner, die ich kenne.

JACK. Wovon in aller Welt redest du nur?

ALGERNON. Du hast einen sehr nützlichen jüngeren Bruder namens Ernst erfunden, damit du jederzeit nach London kommen kannst. Ich habe einen unschätzbaren Dauerinvaliden namens Bunbury erfunden, damit ich jederzeit aufs Land fahren kann. Bunbury ist wirklich unbezahlbar. Wenn Bunburys Gesundheitszustand nicht so außerordentlich kritisch wäre, könnte ich zum Beispiel heute abend nicht mit dir im »Willis« dinieren, denn eigentlich hatte ich fest versprochen, zu Tante Augusta zu kommen.

JACK. Wieso mit mir dinieren? Ich habe dich doch gar nicht eingeladen.

ALGERNON. Ich weiß. Du nimmst das Verschicken von Einladungen zu sehr auf die leichte Schulter. Das ist sehr töricht von dir. Nichts verstimmt die Leute mehr, als keine Einladungen zu erhalten.

JACK. Geh du nur zu deiner Tante Augusta.

ALGERNON. Ich denke nicht daran. Erstens war ich bereits am Montag dort eingeladen, und einmal die Woche bei Verwandten dinieren genügt mir durchaus. Zweitens werde ich bei diesen Einladungen immer als Familienmitglied behandelt und bekomme entweder gar keine Tischdame oder gleich zwei. Und drittens weiß ich ganz genau, neben wen sie mich heute abend setzen würde. Sie würde mich neben Mary Farquhar setzen, die immer über den Tisch hinweg mit ihrem eigenen Mann kokettiert. Das ist ziemlich unangenehm. Ja, es ist sogar unanständig ... und diese Unsitte greift rapide um sich. Es ist ein Skandal, wie viele Frauen in London mit ihren eigenen Männern flirten. Es macht einen so schlechten Eindruck. Das heißt doch einfach, öffentlich seine reine Wäsche waschen. Außerdem, jetzt wo ich weiß, daß du ein hartgesottener Bunburyaner bist, möchte ich mich natürlich mit dir über das Bunburysieren unterhalten. Ich möchte dir die Spielregeln erklären.

JACK. Ich bin überhaupt kein Bunburyaner. Wenn Gwendolen mich nimmt, werde ich meinen Bruder umbringen, ja, ich glaube, ich werde ihn auf jeden Fall umbringen. Cecily interessiert sich etwas zu sehr für ihn. Es ist geradezu lästig. Also, ich werde Ernst aus dem Weg schaffen. Und ich empfehle dir dringend, dasselbe zu tun mit Mr. ..., na, mit deinem kranken Freund, der diesen vertrackten Namen hat.

ALGERNON. Nichts kann mich von Bunbury trennen, und falls du jemals heiraten solltest, was mir außerordentlich fraglich erscheint, wirst du sehr froh sein, Bunbury zu kennen. Wer heiratet, ohne Bunbury zu kennen, kann keine harmonische Ehe führen.

JACK. Das ist doch Unsinn. Wenn ich ein bezauberndes Wesen wie Gwendolen heirate, und Gwendolen ist die erste Frau in meinem Leben, die ich wirklich heiraten möchte, dann brauche ich doch keinen Bunbury.

ALGERNON. Dann braucht ihn deine Frau. Du scheinst nicht begreifen zu wollen, daß die Ehe zu dritt kurzweilig, zu zweit aber langweilig ist.

JACK *(dozierend)*. Das, mein lieber junger Freund, ist die Theorie, welche das korrupte französische Drama seit fünfzig Jahren propagiert.

ALGERNON. Ja, und welche die glückliche englische Familie so erfolgreich praktiziert.

JACK. Um Himmels willen, gib dir bitte keine Mühe, zynisch zu sein. Nichts ist leichter als das.

ALGERNON. Mein lieber Freund, heutzutage ist gar nichts mehr leicht. Der Konkurrenzkampf ist härter denn je. *(Es klingelt.)* Ah, das kann nur Tante Augusta sein. Nur Verwandte oder Gläubiger klingeln auf diese Wagnerianische Art und Weise. Also, wie steht's: Wenn ich sie dir zehn Minuten lang aus dem Weg schaffe, damit du Gwendolen deinen Heiratsantrag machen kannst – lädst du mich dann heute abend ins »Willis« ein?

JACK. Na gut, wenn du unbedingt willst.

ALGERNON. Ja, aber das ist hoffentlich ernst gemeint. Ich kann Leute, die das Essen nicht ernst nehmen, einfach nicht ausstehen. Ich hasse Leichtfertigkeit.

(Lane kommt herein.)

LANE. Lady Bracknell und Miss Fairfax.

(Algernon geht ihnen entgegen.)

LADY BRACKNELL. Guten Tag, lieber Algernon; ich hoffe, es gibt keine Klagen über dich.

ALGERNON. Oh, ich habe nichts zu klagen, Tante Augusta.

LADY BRACKNELL. Das ist nicht ganz dasselbe. Ich glaube,

beides ist sogar unvereinbar. *(Sie sieht Jack und grüßt ihn eisig.)*

ALGERNON *(zu Gwendolen).* Donnerwetter, bist du aber schick!

GWENDOLEN. Bin ich doch immer! Nicht wahr, Mr. Worthing?

JACK. Sie sind absolut vollkommen, Miss Fairfax.

GWENDOLEN. Oh, ich hoffe nicht. Sonst könnte ich mich ja nicht mehr weiterentwickeln, und ich möchte mich doch nach vielen Richtungen weiterentwickeln.

(Gwendolen und Jack setzen sich zusammen in die Ecke.)

LADY BRACKNELL. Wir haben uns leider ein wenig verspätet, Algernon, aber ich mußte unbedingt bei Lady Harbury vorbeischauen. Seit dem Tode ihres Mannes war ich nicht mehr dort. Mein Gott, ist die Frau verändert – sie sieht gut und gerne zwanzig Jahre jünger aus. Eine Tasse Tee wird mir jetzt guttun, und dazu vielleicht eins der herrlichen Gurkensandwiches, die du mir versprochen hast.

ALGERNON. Aber sofort, Tante Augusta. *(Geht zum Teetisch.)*

LADY BRACKNELL. Willst du dich nicht zu mir setzen, Gwendolen?

GWENDOLEN. Danke, Mama, ich sitze hier ganz bequem.

ALGERNON *(entsetzt).* Gütiger Himmel! Lane! Warum sind denn keine Gurkensandwiches da? Ich habe sie doch ausdrücklich bestellt!

LANE *(todernst).* Es gab heute morgen keine Gurken auf dem Markt, Sir. Ich bin zweimal hingegangen.

ALGERNON. Keine Gurken!

LANE. Nein, Sir. Nicht einmal für bares Geld.

ALGERNON. Es ist gut, Lane, danke.

LANE. Danke, Sir. *(Geht hinaus.)*

ALGERNON. Es tut mir schrecklich leid, Tante Augusta, daß es keine Gurken gibt, nicht einmal für bares Geld.

LADY BRACKNELL. Das ist weiter nicht schlimm, Algernon.

Ich habe eben erst bei Lady Harbury Krapfen gegessen. Die Arme scheint jetzt nur noch ihrem Vergnügen zu leben.

ALGERNON. Man sagt, ihr Haar sei aus Gram goldblond geworden.

LADY BRACKNELL. Die Farbe hat sich in der Tat geändert. Aus welchem Grunde kann ich natürlich nicht wissen. *(Algernon reicht ihr Tee.)*

Danke. Ich habe eine große Überraschung für dich heute abend, Algernon. Ich werde dich neben Mary Farquhar setzen. Sie ist eine so nette Frau, und so aufmerksam ihrem Mann gegenüber. Es ist ein Vergnügen, den beiden zuzuschauen.

ALGERNON. Ich fürchte, Tante Augusta, ich muß für heute abend leider absagen.

LADY BRACKNELL. Ich hoffe nicht, Algernon. Das würde meine ganze Tischordnung umstoßen. Dein armer Onkel müßte auf seinem Zimmer speisen. Zum Glück ist er daran gewöhnt.

ALGERNON. Es ist wirklich sehr ärgerlich, und außerdem, das brauche ich dir kaum zu sagen, eine große Enttäuschung für mich, aber ich habe soeben ein Telegramm mit der Nachricht erhalten, daß es meinem Freund Bunbury wieder sehr schlecht geht. *(Wechselt Blicke mit Jack.)* Man bittet mich dringend, zu ihm zu kommen.

LADY BRACKNELL. Sonderbarer Fall. Dieser Mr. Bunbury scheint wirklich an einer sehr ungewöhnlichen Krankheit zu leiden.

ALGERNON. In der Tat; der arme Bunbury ist wirklich sehr zu bedauern.

LADY BRACKNELL. Nun, ich muß sagen, Algernon, es wäre wirklich so langsam Zeit, daß dieser Mr. Bunbury sich zu einem Entschluß aufrafft, ob er nun lieber leben oder sterben möchte. Dieses unentschlossene Hin und Her ist einfach absurd. Außerdem ist mir dieses modische Sympathisieren mit Invaliden völlig zuwider. Ich halte es für dekadent. Krankheit verdient kein Mitgefühl. Gesundheit ist das erste und höchste Gebot des Lebens. Das sage ich auch deinem armen Onkel immer wieder, aber der scheint sich nicht darum zu kümmern ... jedenfalls ist noch keine Besserung seiner Beschwerden in Sicht. Ich wäre dir also sehr verbunden, wenn du Mr. Bunbury in meinem Namen bitten würdest, die Güte zu haben, am kommenden Samstag doch bitte nicht wieder einen Rückfall zu erleiden, denn ich brauche dich unbedingt für das musikalische Arrangement. Es ist meine letzte Soiree, und man braucht etwas, um die Konversation zu beleben, besonders am Ende der Saison, wo jeder praktisch alles gesagt hat, was er zu sagen hatte, was in den meisten Fällen ohnehin nicht viel war.

ALGERNON. Ich werde mit Bunbury reden, Tante Augusta, wenn er noch bei Bewußtsein ist, und ich glaube dir jetzt schon versprechen zu können, daß er bis nächsten Samstag wiederhergestellt ist. Es ist wirklich sehr schwierig, die richtige Musik auszuwählen. Ist die Musik gut, dann hört keiner zu, ist sie schlecht, dann spricht keiner mehr. Aber wir können ja kurz das Programm durchgehen, das ich entworfen habe, wenn du einen Augenblick mit mir ins Klavierzimmer kommen willst.

LADY BRACKNELL. Vielen Dank, Algernon. Das ist wirklich sehr aufmerksam von dir. *(Steht auf und folgt Algernon.)* Das Programm wird sicher ganz entzückend sein, nach den üblichen Säuberungen, versteht sich. Französische Chansons kann ich auf keinen Fall dulden. Die Leute scheinen sie immer für unanständig zu halten und blicken schockiert drein, was unfein wirkt, oder lachen, was noch schlimmer ist. Die deutsche Sprache dagegen klingt völlig korrekt, und ich glaube, das ist sie auch. Gwendolen, du kommst mit.

GWENDOLEN. Sofort, Mama.

(Lady Bracknell und Algernon gehen ins Musikzimmer, Gwendolen bleibt.)

JACK. Sonniger Tag heute, Miss Fairfax.

GWENDOLEN. Bitte nicht über das Wetter sprechen, Mr. Worthing. Wenn mir einer vom Wetter spricht, bin ich immer ganz sicher, daß er eigentlich etwas anderes meint. Und das macht mich so nervös.

JACK. Ich meine tatsächlich etwas anderes.

GWENDOLEN. Das dachte ich mir. Sehen Sie, ich habe immer recht.

JACK. Und ich möchte Sie gerne bitten, mir zu gestatten, Lady Bracknells vorübergehende Abwesenheit auszunutzen ...

GWENDOLEN. Dazu möchte ich Ihnen ganz dringend raten. Mama hat eine Art und Weise, unerwartet hereinzuplatzen, über die ich schon öfter mit ihr sprechen mußte.

JACK *(nervös)*. Miss Fairfax, seit ich Ihnen begegnete, bewundere ich Sie mehr als alle Mädchen ..., denen ich je begegnet bin, seit ... ich Ihnen begegnete.

GWENDOLEN. Ja, ich bin mir dessen durchaus bewußt. Und ich hätte mir oft gewünscht, daß Sie zumindest in der Öffentlichkeit etwas mehr aus sich herausgegangen wären. Auf mich haben Sie schon immer einen unwiderstehlichen Zauber ausgeübt. Schon vor unserer ersten Begegnung stand ich unter Ihrem Bann.
(Jack starrt sie erstaunt an.)
Wir leben, wie Sie hoffentlich wissen, Mr. Worthing, in einem Zeitalter der Ideale; eine Tatsache, die in den teureren Frauenzeitschriften ständig erwähnt wird und inzwischen auch in der Provinz von den Kanzeln verkündet werden soll. Und mein Ideal ist es immer gewesen, einen Mann zu lieben, der Ernst heißt. In dem Namen steckt ein gewisses Etwas, das absolutes Vertrauen einflößt. Von dem Augenblick an, als Algernon zum ersten Mal erwähnte, er hätte einen Freund namens Ernst, wußte ich, daß ich dazu bestimmt war, Sie zu lieben.

JACK. Sie lieben mich wirklich, Gwendolen?

GWENDOLEN. Leidenschaftlich!

JACK. Mein Engel! Du weißt nicht, wie glücklich du mich machst.

GWENDOLEN. Mein lieber Ernst!

JACK. Aber du meinst doch sicher nicht, daß du mich nicht lieben könntest, wenn mein Name nicht Ernst wäre?

GWENDOLEN. Aber dein Name ist Ernst.

JACK. Ja, ich weiß. Aber angenommen, er wäre anders. Du meinst doch nicht ernstlich, du könntest mich dann nicht lieben?

GWENDOLEN *(mit flinker Zunge)*. Ach, das ist doch eine metaphysische Spekulation und hat, wie die meisten metaphysischen Spekulationen, kaum einen Bezug zu den harten Fakten unseres tatsächlichen Alltagslebens.

JACK. Aber, mein Engel, mir persönlich, wenn ich einmal ehrlich sein darf, liegt nicht viel an dem Namen Ernst ... Ich finde, der Name paßt überhaupt nicht zu mir.

GWENDOLEN. Er paßt genau zu dir. Es ist ein göttlicher Name, ein musikalischer Name. Er erzeugt Vibrationen.

JACK. Also wirklich, Gwendolen, ich muß sagen, ich meine, es gibt eine ganze Menge andere Namen, die viel schöner sind. Ich finde zum Beispiel, daß »Jack« ein charmanter Name ist.

GWENDOLEN. Jack? ... Nein, in dem Namen »Jack« ist sehr wenig Musik, eigentlich gar keine. Er elektrisiert nicht. Er erzeugt keinerlei Schwingungen ... Ich habe einige Jacks kennengelernt, und alle waren, ohne Ausnahme, außerordentlich fade. Außerdem ist Jack eine notorische Domestikation für den Allerweltsnamen »John«! Mir tun die vielen Frauen leid, die mit Männern namens John verheiratet sind. Sie kommen wahrscheinlich keinen Augenblick lang in den überwältigenden Genuß völliger Einsamkeit. Der einzige wirklich sichere Name ist Ernst.

JACK. Gwendolen, ich muß mich sofort taufen lassen – ich meine, wir müssen sofort heiraten. Je schneller, desto besser.

GWENDOLEN. Sagten Sie »heiraten«, Mr. Worthing?

JACK *(verblüfft)*. Aber ... gewiß doch. Sie wissen doch, daß ich Sie liebe, und Sie ließen mich glauben, Miss Fairfax, daß ich Ihnen nicht völlig gleichgültig bin.

GWENDOLEN. Ich bete Sie an. Aber Sie haben mir noch keinen Antrag gemacht. Von Heirat war bisher noch nie die Rede. Das Thema ist noch gar nicht erwähnt worden.

JACK. Dann ... darf ich vielleicht jetzt um Ihre Hand anhalten?

GWENDOLEN. Ich halte die Gelegenheit für außerordentlich günstig. Und um Sie vor jeder möglichen Enttäuschung zu bewahren, Mr. Worthing, möchte ich Ihnen fairerweise und ganz offen von vornherein sagen, daß ich fest entschlossen bin, Ihren Antrag anzunehmen.

JACK. Gwendolen!

GWENDOLEN. Ja, Mr. Worthing, was haben Sie mir zu sagen?

JACK. Sie wissen doch, was ich Ihnen zu sagen habe.

GWENDOLEN. Ja, aber Sie sagen es nicht.

JACK. Gwendolen, werden Sie mich heiraten? *(Fällt auf die Knie.)*

GWENDOLEN. Aber natürlich, mein Schatz. Das hat aber lange gedauert! Ich fürchte, du hast sehr wenig Erfahrung in Heiratsanträgen.

JACK. Aber meine Liebste, ich habe in meinem ganzen Leben noch niemand geliebt außer dir.

GWENDOLEN. Ja, aber Männer machen oft rein übungshalber Heiratsanträge. Zum Beispiel mein Bruder Gerald. Alle meine Freundinnen sagen es. Was für wundervolle blaue Augen du hast, Ernst! Sie sind ganz, ganz blau. Ich hoffe, du wirst mich immer genau so anschauen, besonders wenn andere Leute dabei sind.

(Lady Bracknell kommt ins Zimmer.)

LADY BRACKNELL. Mr. Worthing! Erheben Sie sich, Sir, aus dieser akrobatischen Pose. Das ist doch geschmacklos.

GWENDOLEN. Mama!
(Er versucht aufzustehen; sie hält ihn fest.)
Ich muß dich bitten, das Zimmer zu verlassen. Du bist hier fehl am Platz. Außerdem ist Mr. Worthing noch nicht ganz fertig.

LADY BRACKNELL. Fertig womit, wenn ich fragen darf?

GWENDOLEN. Ich bin mit Mr. Worthing verlobt, Mama. *(Beide richten sich auf.)*

LADY BRACKNELL. Erlaube mal, du bist mit niemandem verlobt. Wenn deine Verlobung stattfindet, so werde ich oder dein Vater, wenn er gesundheitlich dazu in der Lage ist, dich davon in Kenntnis setzen. Eine Verlobung sollte für ein junges Mädchen eine Überraschung sein, eine angenehme oder unangenehme, je nachdem. Es ist schwerlich eine Sache, die man ihrer eigenen Regie überlassen sollte ... Und jetzt habe ich Ihnen einige Fragen zu stellen, Mr. Worthing. Während ich diese Ermittlungen anstelle, wirst du, Gwendolen, unten im Wagen auf mich warten.

GWENDOLEN *(vorwurfsvoll).* Mama!

LADY BRACKNELL. In den Wagen, Gwendolen!
(Gwendolen geht zur Tür. Sie und Jack werfen sich hinter Lady Bracknells Rücken Kußhände zu. Lady Bracknell sucht vage nach der Ursache des Geräuschs. Schließlich dreht sie sich um.)
Gwendolen, in den Wagen!

GWENDOLEN. Ja, Mama. *(Sie geht hinaus, über die Schulter Jack Blicke zuwerfend.)*

LADY BRACKNELL *(setzt sich).* Sie können Platz nehmen, Mr. Worthing. *(Sucht in ihrer Tasche nach Notizbuch und Bleistift.)*

JACK. Danke, Lady Bracknell, ich stehe lieber.

LADY BRACKNELL *(mit Bleistift und Notizbuch).* Ich muß Ihnen leider mitteilen, daß Sie nicht auf meiner Liste akzeptabler junger Männer stehen, obgleich ich dieselbe Liste wie die liebe Herzogin von Bolton habe. Wir arbeiten zusammen, offen gesagt. Ich bin jedoch durchaus bereit, Ihren Namen hinzuzufügen, falls Ihre Antworten den Anforderungen einer wirklich zärtlichen Mutter genügen. Rauchen Sie?

JACK. An und für sich, ja, ich muß gestehen, ich rauche.

LADY BRACKNELL. Das freut mich. Ein Mann sollte immer irgendeine Beschäftigung haben. Es gibt viel zu viele Müßiggänger in London zur Zeit. Wie alt sind Sie?

JACK. Neunundzwanzig.

LADY BRACKNELL. Ein sehr günstiges Heiratsalter. Ich bin stets der Ansicht gewesen, daß ein Mann, der zu heiraten wünscht, entweder alles oder nichts wissen sollte. Was wissen Sie?

JACK *(nach einigem Zögern)*. Ich weiß nichts, Lady Bracknell.

LADY BRACKNELL. Es freut mich sehr, das zu hören. Ich mißbillige alles, was an naturgegebener Ignoranz herumpfuscht. Die Ignoranz ist wie eine köstliche exotische Frucht; betastet man sie, so ist der Schmelz dahin. Die ganze Theorie der modernen Erziehung ist von Grund auf verkorkst. Zum Glück ist die Erziehung, in England jedenfalls, absolut wirkungslos. Wäre es anders, würde sie eine ernste Gefahr für die Oberschicht darstellen und womöglich zu gewalttätigen Demonstrationen auf dem Grosvenor Square führen. Wie hoch ist Ihr Einkommen?

JACK. Zwischen sieben- und achttausend Pfund im Jahr.

LADY BRACKNELL *(macht sich eine Notiz)*. Aus Grundbesitz oder aus Wertpapieren?

JACK. Hauptsächlich aus Wertpapieren.

LADY BRACKNELL. Das ist gut. In Anbetracht der Steuerlast, die man bei Lebzeiten zu tragen hat, einerseits, und der Erbschaftssteuer, die man nach dem Tode zu entrichten hat, andererseits, hat Grund und Boden seinen Reiz und seine Rentabilität eingebüßt. Grundbesitz verschafft einem gesellschaftlichen Rang und verhindert gleichzeitig, daß man ihn behält. Das ist eigentlich alles zu diesem Thema.

JACK. Ich habe außerdem ein Landhaus, natürlich mit etwas Land ringsum, rund 1500 Morgen, glaube ich; aber für mein eigentliches Einkommen spielt das keine Rolle. Um genau zu sein, soweit ich sehe, schlagen nur die Wilddiebe einen gewissen Nutzen daraus.

LADY BRACKNELL. Ein Landhaus! Wie viele Zimmer? Schon gut, der Punkt kann auch später noch geklärt werden. Sie haben aber doch hoffentlich auch ein Haus in London? Einem Mädchen mit einem einfachen, unverfälschten Naturell wie Gwendolen könnte man doch wohl kaum zumuten, auf dem Lande zu wohnen.

JACK. Nun, ich besitze auch ein Haus am Belgrave Square, aber es ist jeweils für ein Jahr an Lady Bloxham vermietet. Natürlich kann ich es zurückhaben, sobald ich will, mit sechsmonatiger Kündigungsfrist.

LADY BRACKNELL. Lady Bloxham? Mir unbekannt.

JACK. Oh, sie geht sehr wenig in Gesellschaften. Lady Bloxham ist eine hochbetagte ältere Dame.

LADY BRACKNELL. Ha, hohes Alter ist heutzutage keine Garantie mehr für charakterliche Tadellosigkeit. Welche Hausnummer am Belgrave Square, bitte?

JACK. 149.

LADY BRACKNELL *(kopfschüttelnd)*. Die unmoderne Seite. Ich wußte doch, daß etwas nicht stimmt. Das läßt sich jedoch rasch ändern.

JACK. Meinen Sie die Mode oder die Seite?

LADY BRACKNELL *(streng)*. Beides, falls nötig, Mr. Worthing. Was ist Ihr politischer Standpunkt?

JACK. Ach, ich fürchte, ich habe eigentlich gar keinen. Ich bin Liberaler.

LADY BRACKNELL. Oh, die zählen zu den Konservativen. Sie dinieren bei uns. Oder kommen später am Abend, zumindest. Nun zu weniger wichtigen Dingen. Leben Ihre Eltern noch?

JACK. Ich habe beide Eltern verloren.

LADY BRACKNELL. Einen Elternteil zu verlieren, mag als Unglück gelten; beide zu verlieren, ist fast Schlamperei. Wer war Ihr Vater? Offensichtlich doch ein Mann mit einigem Vermögen. Entstammt er dem Geldadel, wie die radikalen Zeitungen es nennen, oder hat er sich aus einer aristokratischen Familie hochgearbeitet?

JACK. Ich fürchte, so genau weiß ich das eigentlich nicht. Es ist nämlich so, Lady Bracknell, ich sagte, ich hätte meine Eltern verloren. Es wäre vielleicht richtiger, zu sagen, daß meine Eltern mich verloren zu haben scheinen ... Ich weiß eigentlich nichts über meine Abstammung. Ich wurde ... nun, ich wurde gefunden.

LADY BRACKNELL. Gefunden!

JACK. Der verstorbene Mr. Thomas Cardew, ein sehr wohltätiger und liebenswürdiger älterer Gentleman, hat mich gefunden und gab mir den Namen Worthing, weil er gerade eine Fahrkarte Erster Klasse nach Worthing in der Tasche hatte. Worthing liegt in Sussex. Es ist ein Badeort.

LADY BRACKNELL. Wo hat Sie jener wohltätige Gentleman, der eine Fahrkarte Erster Klasse nach diesem Badeort hatte, gefunden?

JACK *(ernst)*. In einer Handtasche.

LADY BRACKNELL. Einer Handtasche?

JACK *(sehr ernst)*. Ja, Lady Bracknell. Ich befand mich in einer Handtasche – einer ziemlich großen, schwarzen Lederhandtasche mit Bügelgriffen – in einer normalen Handtasche eigentlich.

LADY BRACKNELL. An welchem Schauplatz stieß dieser Mr. James oder Thomas Cardew auf diese normale Handtasche?

JACK. In der Gepäckaufbewahrung der Viktoria Station. Es handelte sich um eine Verwechslung.

LADY BRACKNELL. Die Gepäckaufbewahrung der Viktoria Station?

JACK. Ja. Am Bahnsteig nach Brighton.

LADY BRACKNELL. Der Bahnsteig ist unwesentlich. Mr. Worthing, ich muß gestehen, ich bin einigermaßen bestürzt über das, was Sie mir da eben erzählt haben. In einer Handtasche geboren oder jedenfalls aufgezogen zu werden, ob sie nun Bügelgriffe hatte oder nicht, scheint mir eine Verachtung der traditionellen Gepflogenheiten des Familienlebens an den Tag zu legen, die einen an die schlimmsten Exzesse der Französischen Revolution erinnert. Und ich darf doch wohl voraussetzen, daß Sie wissen, wozu jenes unglückselige Ereignis führte. Was nun den speziellen Fundort der Handtasche betrifft: Die Gepäckaufbewahrung eines Bahnhofs könnte vielleicht dazu dienen, eine soziale Entgleisung zu verbergen – wahrscheinlich ist sie schon in früheren Zeiten für solche Zwecke benutzt worden –, sie kann aber schwerlich als sicherer Ausgangspunkt für eine anerkannte Position in der guten Gesellschaft gelten.

JACK. Nun, darf ich fragen, was Sie mir raten würden. Ich brauche Ihnen sicher kaum zu sagen, daß ich alles Menschenmögliche tun werde, um Gwendolens Glück zu sichern.

LADY BRACKNELL. Ich würde Ihnen dringend raten, Mr. Worthing, sobald wie möglich ein paar Verwandte aufzutreiben und sich nach Kräften zu bemühen, wenigstens einen Elternteil zu produzieren, gleichgültig welchen Geschlechts, und zwar möglichst noch vor Saisonschluß.

JACK. Ja, aber ich weiß beim besten Willen nicht, wie ich das schaffen soll. Die Handtasche läßt sich augenblicklich auftreiben. Sie ist zu Hause in der Kleiderkammer. Wirklich, Lady Bracknell, das sollte Ihnen doch genügen.

LADY BRACKNELL. Mir genügen, Sir! Was hat das denn mit mir zu tun? Sie glauben doch nicht im Ernst, ich und Lord Bracknell würden uns im Traum einfallen lassen, unserer einzigen Tochter, die wir mit der größten Sorgfalt aufgezogen haben, zu gestatten, in eine Gepäckaufbewahrung hineinzuheiraten und eine Verbindung einzugehen mit einem Gepäckstück. Guten Morgen, Mr. Worthing! *(Lady Bracknell rauscht in majestätischem Zorn davon.)*

JACK. Guten Morgen!

(Algernon intoniert im Nebenzimmer den Hochzeitsmarsch. Jack, fürchterlich wütend, geht zur Tür.)

Gütiger Himmel, Algy, hör auf mit dieser gräßlichen Musik! Was bist du nur für ein Idiot!

(Die Musik hört auf, und Algernon kommt fröhlich herein.)

ALGERNON. Hat's denn nicht geklappt, alter Junge? Du willst doch nicht sagen, daß Gwendolen dir einen Korb gegeben hat? Ich weiß, sie hat das so an sich. Sie verteilt ständig Körbe. Ausgesprochen unfreundlich von ihr.

JACK. Ach was, mit Gwendolen ist alles in bester Ordnung. Soweit es von ihr abhängt, sind wir verlobt. Ihre Mutter dagegen ist eine Zumutung. Sowas von Gorgone ... Ich weiß eigentlich nicht genau, wie die Gorgonen aussehen, aber ich bin ganz sicher, Lady Bracknell ist eine. Jedenfalls ist sie ein Ungeheuer, und leider kein mythologisches, was ich für besonders gemein halte ... Ach entschuldige bitte, Algy, ich sollte vermutlich nicht derart über deine Tante herziehen, wenn du dabei bist.

ALGERNON. Im Gegenteil, mein Lieber, ich lausche mit Genuß, wenn man meine Verwandten beschimpft. Es ist das einzige, was sie mir erträglich macht. Verwandte sind einfach ein lästiges Pack, das keine Ahnung hat, wie man leben, und kein Fingerspitzengefühl, wann man sterben sollte.

JACK. Ach, das ist doch Unsinn!

ALGERNON. Keineswegs!

JACK. Meinetwegen, ich will darüber jetzt nicht diskutieren. Kein Ding auf der Welt, worüber du nicht diskutieren willst.

ALGERNON. Genau dafür wurden die Dinge ursprünglich auch geschaffen.

JACK. Also wirklich, wenn ich so dächte, würde ich mich erschießen ...
(Eine Pause.) Du glaubst doch sicher auch nicht, Gwendolen könnte wie ihre Mutter werden in etwa 150 Jahren, was meinst du, Algy?

ALGERNON. Alle Frauen werden wie ihre Mutter. Das ist ihre Tragödie. Die Männer niemals. Das ist ihre.

JACK. Ist das geistreich?

ALGERNON. Es ist blendend formuliert! Und der Wahrheitsgehalt entspricht durchaus dem, was man von einem kultivierten Gespräch erwartet.

JACK. Ich habe diese geistreichen Gespräche gründlich satt. Heutzutage ist jeder geistreich. Man kann nirgendwo hingehen, ohne geistreiche Leute zu treffen. Wirklich, ein öffentliches Ärgernis ist das. Ich wünsche mir oft, es gäbe noch ein paar Dummköpfe auf der Welt.

ALGERNON. Gibt es doch.

JACK. Die würde ich rasend gerne einmal treffen. Was meinst du, worüber unterhalten die sich?

ALGERNON. Die Dummköpfe? Oh, über die geistreichen Leute natürlich.

JACK. Was für Dummköpfe.

ALGERNON. Übrigens, hast du Gwendolen eigentlich die Wahrheit darüber gesagt, daß du in London Ernst heißt und zu Hause Jack?

JACK *(sehr gönnerhaft)*. Mein lieber Freund, die Wahrheit ist doch wohl nicht ganz das Richtige für ein nettes, süßes, gebildetes Mädchen. Was für kauzige Vorstellungen du hast, wie man sich Frauen gegenüber benehmen soll.

ALGERNON. Die einzige Art, sich einer Frau gegenüber richtig zu benehmen, ist, sie zu verführen, wenn sie hübsch ist, beziehungsweise eine andere, wenn sie häßlich ist.

JACK. So ein Unsinn.

ALGERNON. Und dein Bruder? Wie stehts mit Ernst, dem Verruchten?

JACK. Kein Problem, bevor die Woche um ist, bin ich ihn los. Ich werde sagen, in Paris hat ihn der Schlag getroffen. Andauernd werden ja Leute vom Schlag getroffen, ganz plötzlich, stimmt doch?

ALGERNON. Ja, aber das ist hereditär, mein Guter. Es ist die Art Krankheit, die ganze Familien befällt. Sag lieber eine schwere Erkältung.

JACK. Bist du auch sicher, daß eine schwere Erkältung nicht hereditär oder dergleichen ist?

ALGERNON. Natürlich nicht!

JACK. Na schön. Mein armer Bruder Ernst wird plötzlich in Paris von einer schweren Erkältung hinweggerafft. Der Fall ist erledigt.

ALGERNON. Aber du sagtest doch, glaube ich, daß ... Miss Cardew sich ein bißchen zu viel für deinen armen Bruder Ernst interessiert? Wird das nicht ein harter Schlag für sie sein?

JACK. Nein, das geht in Ordnung. Cecily ist kein dummes romantisches Gänschen, glücklicherweise. Sie hat einen gewaltigen Appetit, ist ständig auf den Beinen und interessiert sich nicht im geringsten für ihre Hausaufgaben.

ALGERNON. Ich möchte Cecily ganz gerne einmal kennenlernen.

JACK. Ich werde sehr gut aufpassen, daß das nicht passiert. Sie ist außerordentlich hübsch, und sie ist gerade erst achtzehn geworden.

ALGERNON. Hast du Gwendolen bereits mitgeteilt, daß du ein außerordentlich hübsches Mündel hast, das gerade erst achtzehn geworden ist?

JACK. Na hör mal, man posaunt diese Dinge doch nicht in alle Welt hinaus. Cecily und Gwendolen werden ganz sicher sofort ein Herz und eine Seele sein. Ich gehe jede Wette ein, nach einer halben Stunde nennen sie sich Schwester.

ALGERNON. Das tun Frauen nur, wenn sie sich vorher eine Menge andere Dinge genannt haben. Also denn, mein

Junge, wenn wir einen guten Tisch im »Willis« haben wollen, müssen wir uns jetzt umziehen gehen. Es ist schon bald sieben Uhr, Zeit fürs Dinner!

JACK *(gereizt).* Oh, es ist praktisch immer bald sieben Uhr.

ALGERNON. Ich habe Hunger.

JACK. Hast du doch immer ...

ALGERNON. Was machen wir anschließend? Gehen wir ins Theater?

JACK. Oh, nein! Zuhören ist mir ein Greuel.

ALGERNON. Gut, gehen wir in den Klub?

JACK. Oh, nein! Konversation machen ekelt mich an.

ALGERNON. Na schön, dann könnten wir es uns gegen zehn im Nachtklub gemütlich machen.

JACK. Oh, nein! Zuschauen geht mir auf die Nerven. Das ist doch blöd.

ALGERNON. Nun, was werden wir also unternehmen?

JACK. Nichts!

ALGERNON. Es ist fürchterlich anstrengend, gar nichts zu tun. Es macht mir jedoch nichts aus, mich anzustrengen, solange keine Leistungen von mir erwartet werden.

(Lane kommt ins Zimmer.)

LANE. Miss Fairfax.

(Gwendolen kommt herein, Lane geht hinaus.)

ALGERNON. Gwendolen, ich muß schon sagen!

GWENDOLEN. Algy, dreh dich bitte um. Ich muß Mr. Worthing ein paar sehr private Mitteilungen machen.

ALGERNON. Also wirklich, Gwendolen, ich glaube, das kann ich nicht erlauben.

GWENDOLEN. Algy, du zeigst immer eine strikt unmoralische Einstellung dem Leben gegenüber. Dafür bist du noch nicht reif genug.

(Algernon geht nach hinten, zum Kamin.)

JACK. Ach, mein Engel!

GWENDOLEN. Ernst, vielleicht werden wir nie heiraten können. Nach Mamas Gesichtsausdruck zu urteilen, werden wir wohl nie heiraten dürfen, fürchte ich. Nur wenige

Eltern achten heutzutage noch auf die Worte ihrer Kinder. Der altherkömmliche Respekt vor der Jugend stirbt rasch aus. Jeglichen Einfluß, den ich je auf Mama ausgeübt haben mag, verlor ich im Alter von drei Jahren. Doch mag sie uns auch daran hindern, Mann und Frau zu werden, und mag ich auch einen andern oder mehrere andere heiraten, was immer sie tut, nichts kann sie an meiner ewigen Zuneigung zu dir ändern.

JACK. Geliebte Gwendolen!

GWENDOLEN. Die Geschichte deines romantischen Ursprungs, wie sie mir von Mama mit giftigen Bemerkungen erzählt wurde, hat mich natürlich im Innersten aufgewühlt. Dein Vorname übt einen unwiderstehlichen Zauber aus. Die Simplizität deines Charakters verleiht dir eine exquisite Undurchschaubarkeit. Deine Londoner Adresse habe ich. Wie lautet deine Adresse auf dem Lande?

JACK. Manor House, Woolton, Hertfordshire.

(Algernon hat gut zugehört und schreibt sich lächelnd die Adresse auf die Manschette. Dann schlägt er den Fahrplan auf.)

GWENDOLEN. Die Postverbindung ist zuverlässig, nehme ich an? Es könnte notwendig werden, einen verzweifelten Schritt zu tun. Das will natürlich gründlich überlegt sein. Ich werde dir täglich schreiben.

JACK. Liebste Gwendolen!

GWENDOLEN. Wie lange bleibst du in London?

JACK. Bis Montag.

GWENDOLEN. Gut! Algy, du kannst dich jetzt umdrehen.

ALGERNON. Danke, ich hab mich schon umgedreht.

GWENDOLEN. Du kannst auch dem Diener läuten.

JACK. Ich darf dich doch zum Wagen begleiten, mein Engel?

GWENDOLEN. Aber gerne.

JACK *(zu Lane, der gerade eintritt)*. Ich bringe Miss Fairfax zum Wagen.

LANE. Sehr wohl, Sir.

(Jack und Gwendolen gehen hinaus. Lane überreicht Algernon auf einem Tablett mehrere Briefe, vermutlich Rechnungen, da Algernon sich lediglich den Umschlag ansieht und sie dann zerreißt.)

ALGERNON. Ein Glas Sherry, Lane.

LANE. Jawohl, Sir.

ALGERNON. Morgen, Lane, gehe ich bunburysieren.

LANE. Jawohl, Sir.

ALGERNON. Wahrscheinlich komme ich erst am Montag zurück. Sie können die Gesellschaftsanzüge, den Frack und die ganze Bunbury-Garnitur richten und einpacken ...

LANE. Jawohl, Sir. *(Reicht ihm den Sherry.)*

ALGERNON. Hoffentlich ist morgen schönes Wetter, Lane.

LANE. Höchst unwahrscheinlich, Sir.

ALGERNON. Lane, Sie sind ein ausgesprochener Pessimist.

LANE. Immer zu Ihren Diensten, Sir.

(Jack kommt zurück. Lane geht hinaus.)

JACK. Ist das ein kluges, gebildetes Mädchen! Das einzige Mädchen, das mir je etwas bedeutet hat.

(Algernon lacht unbändig.)

Darf ich fragen, was du so lustig findest?

ALGERNON. Ach, ich bin nur etwas besorgt um den armen Bunbury, das ist alles.

JACK. Sieh dich vor, oder dein Freund Bunbury wird dich eines Tages in ernsthafte Schwierigkeiten bringen.

ALGERNON. Ich liebe ernsthafte Schwierigkeiten. Sie sind das einzige, was das Leben lustig macht.

JACK. Was für ein Unsinn, Algy. Du redest doch immer nur Unsinn.

ALGERNON. Das tut doch jeder.

(Jack wirft ihm einen empörten Blick zu und geht hinaus. Algernon zündet sich eine Zigarette an, liest die Adresse auf seiner Manschette und lächelt.)

Vorhang

Zweiter Akt

Garten des Manor House, Woolton, Hertfordshire. Eine graue Steintreppe führt zum Haus hinauf. Der Garten ist altmodisch, voller Rosen. Jahreszeit: Juli. Korbstühle und ein Tisch voll von Büchern stehen unter einer großen Eibe.

(Miss Prism sitzt am Tisch. Cecily ist im Hintergrund beim Blumengießen.)

MISS PRISM *(laut)*. Cecily, Cecily! Wahrlich, eine derart utilitäre Tätigkeit wie Blumengießen ist doch wohl eher Moultons Aufgabe als Ihre? Besonders in einem Augenblick, wo intellektuelle Genüsse auf Sie warten. Ihre deutsche Grammatik liegt auf dem Tisch. Bitte schlagen Sie Seite fünfzehn auf. Wir gehen die gestrige Lektion noch einmal durch.

CECILY *(kommt sehr langsam herbei)*. Aber ich kann Deutsch nicht ausstehn. Es ist wirklich keine schicke Sprache. Ich weiß genau, daß ich nach meiner Deutschstunde immer ganz gewöhnlich aussehe.

MISS PRISM. Aber mein Kind, Sie wissen doch, wie sehr Ihr Vormund darauf bedacht ist, daß Sie eine allseitige Bildung genießen. Er sprach mit besonderem Nachdruck von Ihrem Deutsch, als er gestern nach London wegfuhr. Ja, er spricht immer mit besonderem Nachdruck von Ihrem Deutsch, wenn er in die Stadt fährt.

CECILY. Der liebe Onkel Jack ist immer so schrecklich ernst! Manchmal ist er so ernst, daß ich denke, er ist nicht ganz gesund.

MISS PRISM *(sich aufrichtend)*. Ihr Vormund ist bei bester Gesundheit, und seine würdevolle Ernsthaftigkeit ist besonders löblich, da er noch relativ jung ist. Ich kenne niemanden, der ein stärkeres Pflicht- und Verantwortungsgefühl hat als er.

CECILY. Ich glaube, deswegen sieht er auch oft so gelangweilt aus, wenn wir drei zusammen sind.

MISS PRISM. Cecily! Sie überraschen mich. Mr. Worthing hat viel Kummer zu ertragen. Seichte Späße und Oberflächlichkeiten wären in seinem Munde fehl am Platze. Sie wissen doch, was für schwere Sorgen ihm jener unglückliche junge Mann, sein Bruder, bereitet.

CECILY. Wenn Onkel Jack jenen unglücklichen jungen Mann, seinen Bruder, doch hin und wieder zu Besuch kommen ließe. Vielleicht könnten wir einen guten Einfluß auf ihn ausüben, Miss Prism. Ich bin sicher, Ihnen würde das nicht schwerfallen. Sie können Deutsch und Geologie, und derartige Dinge beeinflussen Männer sehr. *(Macht sich an ihr Tagebuch.)*

MISS PRISM *(kopfschüttelnd)*. Ich fürchte, nicht einmal ich könnte eine Wirkung erzielen bei einem Charakter, der, wie sein eigener Bruder eingesteht, grenzenlos schwach und wankelmütig ist. Ich bin mir nicht einmal sicher, ob ich den Wunsch habe, ihn zu bekehren. Ich bin gegen diese moderne Manie, schlechte Menschen mir nichts, dir nichts in gute Menschen zu verwandeln. Wie die Saat, so die Ernte. Legen Sie jetzt Ihr Tagebuch beiseite, Cecily. Ich verstehe wirklich nicht, weshalb Sie überhaupt ein Tagebuch führen.

CECILY. Ich führe ein Tagebuch, um die wundervollen Geheimnisse meines Lebens einzutragen. Ich muß sie mir notieren, sonst würde ich sie wahrscheinlich völlig vergessen.

MISS PRISM. Das Gedächtnis, meine liebe Cecily, ist das Tagebuch, das wir alle mit uns herumtragen.

CECILY. Ja, aber gewöhnlich registriert es Dinge, die nie geschehen sind und niemals hätten geschehen können. Ich glaube, das Gedächtnis ist für fast all die dreibändigen Romane verantwortlich, die Mudie uns schickt.

MISS PRISM. Sprechen Sie nicht abfällig vom dreibändigen Roman, Cecily. Ich schrieb selbst einen in jüngeren Tagen.

CECILY. Wirklich, Miss Prism? Wie ungeheuer klug Sie doch sind! Hoffentlich hatte er kein Happy-End? Ich kann Romane nicht ausstehn, die gut ausgehen. Sie deprimieren mich zu sehr.

MISS PRISM. Die Guten endeten glücklich, die Bösen unglücklich. Daher der Ausdruck »Dichtung«.

CECILY. Mag sein. Aber es kommt mir doch sehr ungerecht vor. Und wurde Ihr Roman auch gedruckt?

MISS PRISM. Leider nein! Das Manuskript wurde unglücklicherweise verlegt.

(Cecily zeigt Verblüffung.)

Ich gebrauchte das Wort im Sinne von verlieren, vergessen. An die Arbeit, Kind, diese Spekulationen führen zu nichts.

CECILY *(lächelnd)*. Aber ich sehe gerade den lieben Dr. Chasuble durch den Garten kommen.

MISS PRISM *(steht auf und geht ihm entgegen)*. Dr. Chasuble! Ach, wie reizend.

(Pastor Chasuble tritt auf.)

CHASUBLE. Und wie ist das werte Befinden heute morgen? Doch wohl gut, Miss Prism, hoffe ich?

CECILY. Miss Prism hat gerade über leichte Kopfschmerzen geklagt. Ich glaube, ein kurzer Spaziergang mit Ihnen im Park würde ihr sicherlich guttun, Dr. Chasuble.

MISS PRISM. Cecily, ich habe kein Wort über Kopfschmerzen gesagt.

CECILY. Ja, ich weiß, liebe Miss Prism, aber ich spürte instinktiv, daß Sie Kopfweh haben. Ich dachte wirklich an Ihre Kopfschmerzen, und nicht an meine Deutschlektion, als der Herr Pastor hereinkam.

CHASUBLE. Ich hoffe, Cecily, Sie sind nicht unaufmerksam.

CECILY. Ach, ich fürchte, das bin ich.

CHASUBLE. Das ist seltsam. Wäre mir das Glück vergönnt, Miss Prisms Schüler zu sein, ich würde an ihren Lippen hängen.

(Miss Prism reißt die Augen auf.)
Ich sprach metaphorisch. Meine Metapher stammt von den Bienen. *(Räuspert sich.)* Mr. Worthing ist vermutlich noch nicht aus London zurück?

MISS PRISM. Wir erwarten ihn nicht vor Montagnachmittag.

CHASUBLE. O ja, er verbringt den Sonntag gerne in London. Er gehört nicht zu jenen, deren einziges Ziel das Vergnügen ist, zu welchen, allen Berichten zufolge, jener unglückliche junge Mann, sein Bruder, zu gehören scheint. Aber ich darf Egeria und ihre Schülerin nicht länger stören.

MISS PRISM. Egeria? Ich heiße Laetitia, Dr. Chasuble.

CHASUBLE *(mit einer Verbeugung).* Nur eine klassische Anspielung, sie stammt von den heidnischen Autoren. Ich werde Sie beide sicherlich beim Vespergottesdienst sehen?

MISS PRISM. Ich glaube, lieber Herr Pastor, ich gehe doch ein bißchen mit Ihnen spazieren. Ich stelle fest, daß ich tatsächlich Kopfweh habe, und ein Spaziergang hilft vielleicht am besten.

CHASUBLE. Mit Vergnügen, Miss Prism, mit Vergnügen. Vielleicht könnten wir sogar bis zu den Schulen gehen und wieder zurück.

MISS PRISM. Das wäre entzückend. Cecily, Sie lesen in der Zwischenzeit Ihre Volkswirtschaft. Das Kapitel über den Niedergang der Rupie können Sie auslassen. Es ist etwas zu sensationell. Selbst diese metallischen Probleme haben einen melodramatischen Aspekt. *(Sie geht mit Dr. Chasuble den Garten hinunter.)*

CECILY *(nimmt Bücher in die Hand und wirft sie wieder auf den Tisch).* Schreckliche Volkswirtschaft! Schreckliche Geographie! Schreckliches, entsetzliches Deutsch!
(Merriman tritt auf mit Visitenkarte auf Tablett.)

MERRIMAN. Mr. Ernst Worthing kommt direkt vom Bahnhof. Er hat sein Gepäck mitgebracht.

CECILY *(nimmt die Visitenkarte und liest).* »Mr. Ernst Worthing, B. 4, The Albany, London«. Onkel Jacks Bruder! Haben Sie ihm gesagt, daß Mr. Worthing in London ist?

MERRIMAN. Ja, Miss. Er schien sehr enttäuscht zu sein. Ich ließ ihn wissen, daß Sie und Miss Prism im Garten sind. Er sagte, er möchte Sie unbedingt einen Augenblick lang unter vier Augen sprechen.

CECILY. Bitten Sie Mr. Worthing hierher. Vielleicht sollten Sie gleich ein Zimmer für ihn richten lassen.

MERRIMAN. Ja, Miss. *(Merriman geht ins Haus.)*

CECILY. Ich bin noch nie einem wirklich schlechten Menschen begegnet. Mir ist ganz unheimlich zumute. Ich habe solche Angst, er wird aussehen wie alle anderen.

(Algernon kommt herein, gut gelaunt und liebenswürdig.)

Tatsächlich!

ALGERNON *(den Hut ziehend).* Sie sind meine kleine Cousine Cecily, nicht wahr?

CECILY. Sie befinden sich in einem seltsamen Irrtum. Ich bin nicht klein. Ja, ich glaube, ich bin sogar außergewöhnlich groß für mein Alter.

(Algernon ist ziemlich verblüfft.)

Aber ich bin Ihre Cousine Cecily. Und Sie sind, wie aus Ihrer Visitenkarte hervorgeht, Onkel Jacks Bruder, mein Vetter Ernst, mein verdorbener Vetter Ernst.

ALGERNON. Aber nicht doch, ich bin eigentlich überhaupt nicht verdorben, Cousine Cecily. Sie dürfen nicht glauben, ich sei ein schlechter Mensch.

CECILY. Wenn Sie das nicht sind, dann haben Sie uns alle auf völlig unentschuldbare Weise betrogen. Ich hoffe, Sie führen kein Doppelleben und tun nur so, als wären Sie verdorben, während Sie in Wirklichkeit ein harmloser Mensch sind. Das wäre scheinheilig.

ALGERNON *(blickt sie erstaunt an).* Oh, ich bin natürlich ziemlich leichtsinnig gewesen.

CECILY. Das höre ich gerne.

ALGERNON. Um genau zu sein, da Sie nun einmal das Thema anschneiden, ich bin auf meine bescheidene Art und Weise doch sehr schlimm gewesen.

CECILY. Ich glaube, Sie sollten nicht so stolz darauf sein, obwohl es sicherlich sehr amüsant gewesen sein muß.

ALGERNON. Es ist viel amüsanter hier bei Ihnen.

CECILY. Ich begreife gar nicht, wie Sie überhaupt hier sein können. Onkel Jack kommt erst Montagnachmittag zurück.

ALGERNON. Das ist wirklich eine große Enttäuschung. Ich muß nämlich am Montagmorgen mit dem ersten Zug nach London zurück. Ich habe eine geschäftliche Verabredung, die darf ich auf keinen Fall ... einhalten!

CECILY. Könnten Sie sie denn nicht auch anderswo nicht einhalten?

ALGERNON. Nein: Die Verabredung ist in London.

CECILY. Nun ja, ich weiß natürlich, wie wichtig es ist, geschäftliche Verpflichtungen nicht einzuhalten, wenn man sich einigen Sinn für die Schönheit des Lebens bewahren möchte, trotzdem glaube ich, Sie sollten warten, bis Onkel Jack zurückkommt. Ich weiß, er will mit Ihnen über Ihre Auswanderung sprechen.

ALGERNON. Worüber möchte er mit mir sprechen?

CECILY. Ihre Auswanderung. Er ist nach London gefahren, um Ihre Ausstattung zu kaufen.

ALGERNON. Ich möchte mir auf keinen Fall von Jack meine Ausstattung kaufen lassen. Er hat überhaupt keinen Geschmack für Krawatten.

CECILY. Ich glaube, Sie werden keine Krawatten benötigen. Onkel Jack schickt Sie nach Australien.

ALGERNON. Australien! Lieber sterbe ich.

CECILY. Ja, er sagte letzten Mittwoch beim Abendessen, Sie müßten wählen zwischen dem Diesseits, dem Jenseits und Australien.

ALGERNON. O Gott! Die Berichte, die mir über Australien

und das Jenseits erstattet wurden, sind nicht gerade verlockend. Das Diesseits ist gut genug für mich, liebe Cousine.

CECILY. Ja, aber sind Sie gut genug für das Diesseits?

ALGERNON. Ich fürchte, nein. Daher möchte ich mich auch von Ihnen bekehren lassen. Sie könnten das zu Ihrer Lebensaufgabe machen, wenn Sie nichts dagegen haben, Cousine Cecily.

CECILY. Ich fürchte, ich habe keine Zeit heute nachmittag.

ALGERNON. Hätten Sie etwas dagegen, daß ich mich heute nachmittag selbst bekehre?

CECILY. Das kommt mir zwar ziemlich idealistisch vor. Aber ich denke, Sie sollten es versuchen.

ALGERNON. Das werde ich tun. Ich spüre bereits, wie ich mich bessere.

CECILY. Sie sehen eher schlechter aus.

ALGERNON. Das ist nur, weil ich hungrig bin.

CECILY. Wie dumm von mir. Wie konnte ich nur vergessen, daß man regelmäßige und kräftige Mahlzeiten braucht, wenn man ein völlig neues Leben anfängt. Wollen wir nicht hineingehen?

ALGERNON. Vielen Dank. Darf ich zuvor eine Blume fürs Knopfloch haben? Wenn ich keine Blume im Knopfloch habe, habe ich keinen Appetit.

CECILY. Eine Maréchal Niel? *(Nimmt die Schere in die Hand.)*

ALGERNON. Nein, ich möchte lieber eine rosa Rose.

CECILY. Warum? *(Schneidet eine Rose ab.)*

ALGERNON. Weil Sie wie eine rosa Rose sind, Cousine Cecily.

CECILY. Ich glaube, es gehört sich nicht, daß Sie so mit mir sprechen. Miss Prism sagt nie so etwas zu mir.

ALGERNON. Dann ist Miss Prism eine kurzsichtige alte Dame.
(Cecily steckt ihm die Rose ins Knopfloch.)
Sie sind das hübscheste Mädchen, das ich je gesehen habe.

CECILY. Miss Prism sagt, Schönheit ist eine Falle.

ALGERNON. Eine Falle, in der jeder kluge Mann sich gerne fangen läßt.

CECILY. Ach, ich glaube, ich möchte gar keinen klugen Mann fangen wollen. Ich wüßte nicht, worüber ich mit ihm reden sollte.

(Sie gehen ins Haus. Miss Prism und Dr. Chasuble kommen zurück.)

MISS PRISM. Sie sind zu viel allein, mein lieber Dr. Chasuble. Sie sollten heiraten. Einen Misanthropen kann ich verstehen, einen Frauanthropen – niemals.

CHASUBLE *(mit dem Schauder des Gelehrten).* Glauben Sie mir, ich verdiene keine so neologistische Bezeichnung. Die Urkirche war in Lehre und Praxis ein entschiedener Gegner der Eheschließung.

MISS PRISM *(dozierend).* Das ist offensichtlich der Grund, weshalb die Urkirche heute ausgestorben ist. Und Sie sind sich anscheinend nicht klar darüber, lieber Doktor Chasuble, daß ein Mann, gerade wenn er hartnäckig unverheiratet bleibt, sich dadurch in eine dauerhafte öffentliche Versuchung verwandelt. Die Männer sollten vorsichtiger sein; gerade das Zölibat lockt schwächere Schiffe in die Irre.

CHASUBLE. Aber ist denn ein verheirateter Mann nicht ebenso anziehend?

MISS PRISM. Kein verheirateter Mann ist anziehend, außer für seine Frau.

CHASUBLE. Und oft, wurde mir gesagt, nicht einmal für sie.

MISS PRISM. Das hängt von den intellektuellen Sympathien der Frau ab. Auf die Erfahrung kann man sich immer verlassen. Auf die Ausgereiftheit kann man vertrauen. Junge Frauen sind grün.

(Dr. Chasuble reagiert.)

Landwirtschaftlich gesprochen. Meine Metapher stammt vom Obst. Aber wo ist Cecily?

CHASUBLE. Vielleicht ist sie uns gefolgt.

(Jack erscheint im Hintergrund und kommt langsam durch den Garten. Er trägt Trauerkleidung, schwarzen Flor am Hut und schwarze Handschuhe.)

MISS PRISM. Mr. Worthing!

CHASUBLE. Mr. Worthing?

MISS PRISM. Das ist aber eine Überraschung. Wir erwarteten Sie nicht vor Montagnachmittag.

JACK *(gibt Miss Prism auf tragische Weise die Hand).* Ich bin früher zurückgekommen, als ich dachte. Dr. Chasuble, ich hoffe, es geht Ihnen gut?

CHASUBLE. Lieber Mr. Worthing, ich hoffe doch, diese jammervolle Umhüllung verkündet nicht irgendein schreckliches Unheil?

JACK. Mein Bruder.

MISS PRISM. Noch mehr schändliche Schulden und Ausschweifung?

CHASUBLE. Führt er immer noch ein Leben der Genußsucht?

JACK *(den Kopf schüttelnd).* Tot!

CHASUBLE. Ihr Bruder Ernst – tot?

JACK. Ganz tot.

MISS PRISM. Was für eine Lektion für ihn! Das wird ihm sicher eine Lehre sein!

CHASUBLE. Mr. Worthing, ich spreche Ihnen mein aufrichtiges Beileid aus. Sie haben wenigstens die tröstliche Gewißheit, immer der edelmütigste und mildeste aller Brüder gewesen zu sein.

JACK. Der arme Ernst! Er hatte viele Fehler, aber es ist doch ein sehr, sehr harter Schlag.

CHASUBLE. Ein sehr harter Schlag. Waren Sie bei ihm in seiner letzten Stunde?

JACK. Nein. Er starb im Ausland; in Paris, offengesagt. Gestern abend erhielt ich ein Telegramm vom Manager des Grand Hotel.

CHASUBLE. Wurde die Todesursache erwähnt?

JACK. Eine starke Erkältung anscheinend.

MISS PRISM. Wie die Saat, so die Ernte.

CHASUBLE *(die Hand hebend).* Erbarmen, liebe Miss Prism, Erbarmen! Kein Mensch ist vollkommen. Ich selbst bin gegen Luftzug besonders empfindlich. Wird die Beisetzung hier stattfinden?

JACK. Nein. Er scheint den Wunsch geäußert zu haben, in Paris begraben zu werden.

CHASUBLE. In Paris! *(Schüttelt den Kopf.)* Ich fürchte, das läßt kaum auf große Ernsthaftigkeit am Lebensende schließen. Zweifellos möchten Sie, daß ich nächsten Sonntag mit ein paar Worten auf diesen tragischen Trauerfall in Ihrem Hause anspiele.

(Jack drückt ihm krampfhaft die Hand.)

Meine Predigt über die Bedeutung des Manna in der Wüste kann praktisch jedem Ereignis angepaßt werden, freudigen Ereignissen oder, wie im vorliegenden Falle, betrüblichen.

(Alle seufzen.)

Ich habe sie bei Erntefesten gehalten, bei Kindtaufen, Konfirmationen, an Bußtagen wie an Feiertagen. Das letzte Mal hielt ich sie in der Kathedrale als Wohltätigkeitspredigt zugunsten der Gesellschaft zur Verhütung von Unzufriedenheit in der Oberschicht. Der Bischof, der anwesend war, war von einigen meiner Metaphern sehr überrascht.

JACK. Ach ja, mir fällt da ein, Sie sprachen doch, glaube ich, vom Taufen, Dr. Chasuble? Ich nehme an, Sie wissen, wie man richtig tauft?

(Dr. Chasuble ist höchst erstaunt.)

Ich meine natürlich, Sie sind ständig am Taufen, nicht wahr?

MISS PRISM. Es ist bedauerlicherweise eine der häufigsten Pflichten des Pastors in dieser Pfarrei. Ich habe mit den ärmeren Schichten schon oft über dieses Thema gesprochen. Aber anscheinend begreifen sie nicht, was Sparsamkeit ist.

CHASUBLE. Aber gibt es da ein bestimmtes Kind, an dem Sie Anteil nehmen, Mr. Worthing? Ihr Bruder war doch, glaube ich, unverheiratet, nicht wahr?

JACK. O ja!

MISS PRISM *(bitter)*. Leute, die nur ihrem Vergnügen leben, sind gewöhnlich unverheiratet.

JACK. Aber es handelt sich nicht um irgendein Kind, lieber Herr Pastor. Obwohl ich Kinder sehr gern habe. Nein, es ist so, ich möchte gerne selbst getauft werden, heute nachmittag noch, wenn Sie nichts Besseres zu tun haben.

CHASUBLE. Aber Mr. Worthing, Sie sind doch sicherlich bereits getauft?

JACK. Ich erinnere mich überhaupt nicht daran.

CHASUBLE. Aber haben Sie diesbezüglich ernsthafte Zweifel?

JACK. Zweifelsohne. Natürlich weiß ich nicht, ob Ihnen die Sache nicht irgendwie lästig ist oder ob Sie nicht denken, ich sei jetzt schon ein bißchen zu alt dafür.

CHASUBLE. Nicht im geringsten. Das Besprengen und, vor allem, das Untertauchen von Erwachsenen ist guter kanonischer Brauch.

JACK. Untertauchen!

CHASUBLE. Fürchten Sie nichts. Das Besprengen allein genügt, oder vielmehr, es ist meiner Meinung nach auch ratsamer. Unser Wetter ist so wechselhaft. Zu welcher Stunde soll denn die Zeremonie durchgeführt werden?

JACK. Oh, ich könnte so gegen fünf aufkreuzen, wenn Ihnen das paßt.

CHASUBLE. Durchaus, durchaus! Ja, ich habe zur gleichen Zeit zwei ähnliche Zeremonien vorgesehen. Ein Fall von Zwillingen, der kürzlich in einem der abgelegenen Häuschen auf Ihrem eigenen Gut vorgekommen ist. Der arme Fuhrmann Jenkins, ein sehr fleißiger Arbeiter.

JACK. Ach, ich habe keine große Lust, zusammen mit anderen Babies getauft zu werden. Das wäre kindisch. Wie wärs mit halb sechs?

CHASUBLE. Wunderbar! Wunderbar! *(Zieht die Uhr aus der Tasche.)* Und nun, lieber Mr. Worthing, ich möchte nicht länger zur Last fallen in diesem Haus des Jammers. Ich möchte Sie nur bitten, sich vom Gram nicht zu sehr niederbeugen zu lassen. Was uns wie eine bittere Heimsuchung vorkommt, ist oft eine verborgene Wohltat des Schöpfers.

MISS PRISM. Das hier scheint mir eine sehr offensichtliche Wohltat zu sein.

(Cecily kommt aus dem Haus.)

CECILY. Onkel Jack! Ach, ich bin ja so froh, daß du schon zurück bist. Aber was hast du nur für entsetzliche Kleider an. Geh und zieh dich um.

MISS PRISM. Cecily!

CHASUBLE. Mein Kind, mein Kind!

(Cecily geht auf Jack zu; er küßt sie melancholisch auf die Stirn.)

CECILY. Was ist denn los, Onkel Jack? Mach doch kein solches Gesicht! Du siehst aus, als hättest du Zahnweh, und ich habe so eine große Überraschung für dich. Was meinst du, wer im Speisezimmer ist? Dein Bruder!

JACK. Wer?

CECILY. Dein Bruder Ernst. Er ist vor einer halben Stunde angekommen.

JACK. Was für ein Unsinn! Ich habe gar keinen Bruder.

CECILY. Nein, das darfst du nicht sagen. Wie schlecht er sich auch in der Vergangenheit benommen haben mag, er ist immer noch dein Bruder. Du kannst nicht so herzlos sein, ihn zu verleugnen. Ich sage ihm, er soll herauskommen. Und du gibst ihm die Hand, nicht wahr, Onkel Jack? *(Sie läuft ins Haus zurück.)*

CHASUBLE. Das ist ja nun eine sehr frohe Botschaft.

MISS PRISM. Nachdem wir uns alle mit seinem Verlust abgefunden hatten, kommt mir seine plötzliche Wiederkehr ganz besonders betrüblich vor.

JACK. Mein Bruder im Speisezimmer? Ich weiß nicht, was das alles bedeuten soll. Das ist doch völlig absurd.
(Algernon und Cecily kommen Hand in Hand aus dem Haus. Sie gehen langsam auf Jack zu.)

JACK. Gütiger Himmel! *(Bedeutet Algernon durch Gesten, er möge verschwinden.)*

ALGERNON. Bruder Jack, ich bin von London gekommen, um dir zu sagen, daß es mir sehr leid tut, dir so viel Kummer gemacht zu haben, und daß ich in Zukunft ein besseres Leben zu führen gedenke.
(Jack starrt ihn an und nimmt seine Hand nicht.)

CECILY. Onkel Jack, du wirst doch nicht die Hand deines eigenen Bruders zurückweisen?

JACK. Nichts kann mich dazu bringen, ihm die Hand zu geben. Es ist eine Schande, daß er hierhergekommen ist. Er weiß ganz genau, warum.

CECILY. Onkel Jack, sei doch nett. In jedem Menschen steckt etwas Gutes. Ernst hat mir soeben von seinem armen kranken Freund Mr. Bunbury erzählt, den er so oft besuchen geht. Und ich bin ganz sicher, es steckt viel Gutes in einem Menschen, der zu einem Kranken so liebevoll ist und auf die Vergnügungen Londons verzichtet, um an einem Schmerzensbett auszuharren.

JACK. Ach ja, er hat dir von Bunbury erzählt, tatsächlich?

CECILY. Ja, er hat mir alles über den armen Mr. Bunbury erzählt, und seinen schrecklichen Gesundheitszustand.

JACK. Bunbury! Ha, er hat mit dir weder über Bunbury zu sprechen noch über sonst etwas. Das ist ja rein zum Wahnsinnigwerden.

ALGERNON. Ich gebe natürlich zu, daß die Schuld ganz auf meiner Seite liegt. Ich muß aber sagen, Bruder Jacks Kälte mir gegenüber trifft mich besonders schmerzlich. Ich hatte einen herzlicheren Empfang erwartet, besonders da ich zum ersten Mal herkomme.

CECILY. Onkel Jack, wenn du Ernst nicht die Hand gibst, werde ich dir niemals verzeihen.

JACK. Mir niemals verzeihen?

CECILY. Nie, nie, nie!

JACK. Na gut, aber das ist das allerletzte Mal in meinem Leben. *(Gibt Algernon die Hand und fixiert ihn dabei zornig.)*

CHASUBLE. Wie erfreulich ist es doch, nicht wahr, eine so vollkommene Versöhnung zu erleben? Vielleicht sollten wir die beiden Brüder jetzt allein lassen.

MISS PRISM. Cecily, Sie kommen mit.

CECILY. Aber gerne, Miss Prism. Mein kleiner Beitrag zur Versöhnung ist geleistet.

CHASUBLE. Sie haben heute ein wahrhaft gutes Werk getan, liebes Kind.

MISS PRISM. Wir dürfen nicht voreilig sein in unserem Urteil.

CECILY. Ich bin ja so glücklich.

(Alle gehen ab, außer Jack und Algernon.)

JACK. Algy, du gemeines Früchtchen, du mußt so schnell wie möglich verschwinden. Hier wird nicht bunburysiert.

(Merriman tritt auf.)

MERRIMAN. Ich habe Mr. Ernsts Sachen in das Zimmer neben Ihrem gebracht, Sir. Ich nehme an, das ist in Ordnung?

JACK. Was?

MERRIMAN. Mr. Ernsts Reisegepäck, Sir. Ich habe es ausgepackt und in das Zimmer neben Ihrem gebracht.

JACK. Sein Gepäck?

MERRIMAN. Ja, Sir. Drei Handkoffer, eine Toilettentasche, zwei Hutschachteln und ein großer Imbißkorb.

ALGERNON. Ich fürchte, ich kann diesmal nicht länger als eine Woche bleiben.

JACK. Merriman, lassen Sie sofort anspannen. Mr. Ernst ist plötzlich nach London zurückgerufen worden.

MERRIMAN. Jawohl, Sir. *(Geht ins Haus zurück.)*

ALGERNON. Was bist du nur für ein entsetzlicher Lügner,

Jack. Ich bin überhaupt nicht nach London zurückgerufen worden.

JACK. Doch, das bist du.

ALGERNON. Ich habe niemanden rufen hören.

JACK. Deine Pflicht als Gentleman ruft dich zurück.

ALGERNON. Meine Pflicht als Gentleman hat mich bisher noch niemals bei einem Vergnügen gestört.

JACK. Das wundert mich nicht.

ALGERNON. Also wirklich, Cecily ist ein Schatz.

JACK. Sprich nicht in diesem Ton von Miss Cardew. Es gefällt mir nicht.

ALGERNON. Nun, mir gefallen deine Kleider nicht. Es ist doch lächerlich, wie du angezogen bist. Warum gehst du denn nicht endlich hinauf und ziehst dich um? Es ist doch völlig kindisch, in tiefer Trauer zu sein um jemanden, der eine ganze Woche als dein Gast in deinem Haus wohnt. Das ist geradezu grotesk.

JACK. Du wirst ganz bestimmt keine ganze Woche hier bleiben, weder als mein Gast noch als sonst etwas. Du hast abzureisen ... mit dem 4-Uhr-5-Zug.

ALGERNON. Ich werde dich bestimmt nicht verlassen, solange du in Trauer bist. Es wäre sehr unkameradschaftlich. Wenn ich in Trauer wäre, würdest du bei mir ausharren, nehme ich an. Ich würde es jedenfalls für sehr herzlos halten, wenn du das nicht tätest.

JACK. Na schön, gehst du auch wirklich, wenn ich mich umziehe?

ALGERNON. Ja, wenn es nicht zu lange dauert. Ich kenne niemanden, der so lange zum Anziehen braucht und dabei so wenig Erfolg hat.

JACK. Ha, das ist jedenfalls besser, als immer so auffällig herausgeputzt zu sein wie du.

ALGERNON. Wenn ich gelegentlich etwas auffällig gut angezogen bin, so mache ich es dadurch wett, daß ich immer auffällig kultiviert bin.

JACK. Deine Eitelkeit ist lachhaft, dein Benehmen eine

Schande, und deine Anwesenheit in meinem Garten ist völlig absurd. Doch was soll's, du verschwindest ja mit dem 4-Uhr-5-Zug, und ich wünsche dir eine angenehme Rückreise nach London. Dieses Bunburysieren, wie du das nennst, ist diesmal kein großer Erfolg gewesen. *(Jack geht ins Haus.)*

ALGERNON. Ich glaube, es war ein großer Erfolg. Ich liebe Cecily, und das ist entscheidend.

(Cecily tritt im Hintergrund des Gartens auf. Sie nimmt das Gießkännchen und fängt an, die Blumen zu gießen.)

Aber ich muß mit ihr sprechen, bevor ich abreise, um das nächste Bunbury mit ihr zu verabreden. Ah, da ist sie ja.

CECILY. Oh, ich kam nur zurück, um die Rosen zu gießen. Ich dachte, Sie wären bei Onkel Jack.

ALGERNON. Er ist weg, um einen Wagen für mich zu besorgen.

CECILY. Oh, wird er eine Spazierfahrt mit Ihnen machen?

ALGERNON. Nein, er wird mich wegschicken.

CECILY. Wir müssen also Abschied nehmen?

ALGERNON. Ich fürchte, ja. Es ist ein sehr schmerzlicher Abschied.

CECILY. Es ist immer sehr schmerzlich, von Leuten Abschied zu nehmen, die man nur sehr kurze Zeit gekannt hat. Die Abwesenheit alter Freunde kann man mit Gleichmut ertragen. Aber auch nur die kürzeste Trennung von jemandem, den man eben erst kennengelernt hat, ist fast unerträglich.

ALGERNON. Ich danke Ihnen.

(Merriman tritt auf.)

MERRIMAN. Der Wagen ist vorgefahren, Sir.

(Algernon blickt Cecily bittend an.)

CECILY. Er kann warten, Merriman, noch ... fünf Minuten.

MERRIMAN. Jawohl, Miss. *(Merriman tritt ab.)*

ALGERNON. Ich hoffe, Cecily, ich beleidige Sie nicht, wenn

ich ganz offen und ehrlich erkläre, daß Sie mir in jeder Beziehung die sichtbare Personifizierung der absoluten Vollkommenheit zu sein scheinen.

CECILY. Ich finde, Ihre Offenheit spricht sehr für Ihren Charakter, Ernst. Wenn Sie nichts dagegen haben, werde ich Ihre Bemerkungen in mein Tagebuch eintragen. *(Geht zum Tisch und macht sich an ihr Tagebuch.)*

ALGERNON. Führen Sie tatsächlich ein Tagebuch? Ich würde für mein Leben gerne einmal hineinschauen. Darf ich?

CECILY. O nein. *(Legt die Hand darauf.)* Wissen Sie, es sind ja nur die Aufzeichnungen eines sehr jungen Mädchens über ihre eigenen Gedanken und Eindrücke, und daher für den Druck bestimmt. Wenn sie als Buch erscheinen, werden Sie hoffentlich ein Exemplar bestellen. Aber bitte, Ernst, sprechen Sie weiter. Ich schreibe am liebsten nach Diktat. Ich bin bis »absolute Vollkommenheit« gekommen. Sie können weitermachen. Ich bin bereit.

ALGERNON *(etwas verblüfft).* Hm, hm.

CECILY. Ach bitte, Ernst, nicht husten. Beim Diktieren sollte man fließend sprechen, ohne zu husten. Außerdem weiß ich nicht, wie man das Husten buchstabieren soll. *(Schreibt mit, während Algernon spricht.)*

ALGERNON *(sehr schnell sprechend).* Cecily, vom ersten Augenblick an, da ich Ihre wunderbare und unvergleichliche Schönheit erblickte, habe ich es gewagt, Sie zu lieben, hemmungslos, leidenschaftlich, hingebungsvoll, hoffnungslos.

CECILY. Ich glaube nicht, daß Sie zu mir sagen sollten, Sie lieben mich hemmungslos, leidenschaftlich, hingebungsvoll, hoffnungslos. Hoffnungslos stimmt doch gar nicht, nicht wahr?

ALGERNON. Cecily.

(Merriman tritt auf.)

MERRIMAN. Der Wagen wartet, Sir.

ALGERNON. Er soll nächste Woche wiederkommen, zur gleichen Zeit.

MERRIMAN *(blickt Cecily an, die nicht reagiert).* Jawohl, Sir. *(Merriman geht ab.)*

CECILY. Onkel Jack wäre sehr böse, wenn er wüßte, daß Sie bis nächste Woche zur gleichen Zeit bleiben.

ALGERNON. Ach, was kümmert mich Jack. Mich kümmert nichts in der ganzen Welt, nur du allein. Ich liebe dich, Cecily. Du wirst mich doch heiraten, ja?

CECILY. Aber natürlich, mein Dummerchen! Wir sind doch schon seit drei Monaten verlobt.

ALGERNON. Seit drei Monaten?

CECILY. Ja, am Donnerstag sind es genau drei Monate.

ALGERNON. Aber wie haben wir uns denn verlobt?

CECILY. Nun, seit Onkel Jack uns zum ersten Mal gestand, daß er einen sehr bösen und verdorbenen jüngeren Bruder hatte, warst du natürlich das wichtigste Gesprächsthema zwischen mir und Miss Prism. Und natürlich ist ein Mann, über den viel gesprochen wird, immer sehr attraktiv. Man gewinnt den Eindruck, daß schließlich doch etwas Besonderes an ihm sein muß. Wahrscheinlich war es töricht von mir, aber ich habe mich in dich verliebt, Ernst.

ALGERNON. Mein Schatz. Und wann wurde die Verlobung wirklich beschlossen?

CECILY. Am 14. Februar dieses Jahres. Zermürbt durch deine völlige Ignoranz in bezug auf mein Dasein, beschloß ich, die Sache auf die eine oder andere Weise zu beenden, und nach einem langen inneren Kampf nahm ich deinen Antrag hier unter diesem lieben alten Baum an. Am nächsten Tag kaufte ich in deinem Namen dieses Ringlein, und das hier, das kleine Armband, ist das Band der Liebe, das ich dir immer zu tragen versprach.

ALGERNON. Habe ich dir das gegeben? Sehr hübsch, nicht wahr?

CECILY. Ja, du hast einen wunderbaren Geschmack, Ernst. Damit habe ich immer deinen schlechten Lebenswandel entschuldigt. Und hier ist das Kästchen, in dem ich alle deine lieben Briefe aufbewahre. *(Kniet am Tisch nieder, öffnet ein Kästchen und holt Briefe heraus, die mit einem blauen Band zusammengebunden sind.)*

ALGERNON. Meine Briefe! Aber meine liebe, süße Cecily, ich habe dir doch nie geschrieben.

CECILY. Daran solltest gerade du mich nicht erinnern, Ernst. Ich weiß nur zu gut, daß ich gezwungen war, deine Briefe für dich zu schreiben. Ich schrieb immer dreimal die Woche, und manchmal noch öfter.

ALGERNON. Oh, die mußt du mich aber lesen lassen, Cecily!

CECILY. O nein, völlig ausgeschlossen. Sie würden dich viel zu eingebildet machen. *(Stellt das Kästchen wieder an seinen Platz.)* Die drei Briefe, die du mir schriebst, nachdem ich unsere Verlobung aufgelöst hatte, sind so schön und so unorthographisch, daß ich sie auch jetzt noch kaum lesen kann, ohne daß mir die Tränen kommen.

ALGERNON. Ja, aber wurde unsere Verlobung denn aufgelöst?

CECILY. Aber selbstverständlich. Am 22. März des Jahres. Hier, sieh doch selbst. *(Zeigt ihr Tagebuch.)* »Heute habe ich meine Verlobung mit Ernst gelöst. Ich glaube, es ist besser so. Das Wetter ist unverändert schön.«

ALGERNON. Aber warum um Himmels willen hast du die Verlobung aufgelöst? Was habe ich denn getan? Doch rein gar nichts. Cecily, es schmerzt mich wirklich zutiefst zu hören, daß du sie aufgelöst hast. Besonders da das Wetter so schön war.

CECILY. Es wäre kaum eine wirklich ernstgemeinte Verlobung gewesen, wenn sie nicht wenigstens einmal aufgelöst worden wäre. Aber ich verzieh dir noch vor Ablauf einer Woche.

ALGERNON *(geht zu ihr hinüber, kniet nieder)*. Du bist wirklich ein Engel, Cecily.

CECILY. Du lieber romantischer Junge. *(Er küßt sie, sie fährt ihm mit den Fingern durchs Haar.)* Ich hoffe, das sind Naturlocken, nicht wahr?

ALGERNON. Natürlich, mein Schatz, mit etwas Nachhilfe.

CECILY. Ich bin ja so froh.

ALGERNON. Du wirst unsere Verlobung aber nie wieder auflösen, Cecily?

CECILY. Ich glaube, ich könnte sie gar nicht mehr auflösen, jetzt wo ich dir tatsächlich begegnet bin. Außerdem ist da natürlich auch die Sache mit deinem Namen.

ALGERNON. Ja, natürlich. *(Nervös.)*

CECILY. Du darfst mich nicht auslachen, Schatz, aber es war schon immer einer meiner Mädchenträume, einen Mann zu lieben, der Ernst heißt. *(Algernon steht auf, auch Cecily.)* Es steckt etwas in dem Namen, was absolutes Vertrauen einzuflößen scheint. Mir tut jede arme verheiratete Frau leid, deren Mann nicht Ernst heißt.

ALGERNON. Aber mein liebes Kind, willst du damit sagen, du könntest mich nicht lieben, wenn ich einen anderen Namen hätte?

CECILY. Aber was für einen Namen?

ALGERNON. Och, irgendeinen Namen – Algernon – zum Beispiel . . .

CECILY. Aber der Name Algernon gefällt mir nicht.

ALGERNON. Aber aber, mein lieber, süßer, liebevoller kleiner Engel, ich kann wirklich nicht verstehen, was du an dem Namen Algernon auszusetzen hast. Es ist wahrlich kein schlechter Name. Ja, es ist ein ausgesprochen aristokratischer Name. Die Hälfte der Leute, die im Konkursgericht auftauchen, heißen Algernon. Aber ganz im Ernst, Cecily . . . *(geht zu ihr)* wenn mein Name Algy wäre, könntest du mich dann nicht lieben?

CECILY *(sich aufrichtend).* Ich könnte Respekt vor dir haben, ich könnte deinen Charakter bewundern, aber ich fürchte, ich wäre nicht fähig, dir meine ungeteilte Aufmerksamkeit zu schenken.

ALGERNON. Hm! Cecily! *(Nimmt seinen Hut.)* Euer Pastor

hier ist, nehme ich an, gut bewandert in der Ausübung sämtlicher Riten und Zeremonien der anglikanischen Kirche?

CECILY. O ja, Dr. Chasuble ist ein höchst gelehrter Mann. Er hat noch kein einziges Buch geschrieben, du kannst dir also vorstellen, wieviel er noch weiß.

ALGERNON. Ich muß ihn sofort wegen einer äußerst wichtigen Taufe sprechen – ich meine, wegen einer äußerst wichtigen geschäftlichen Besprechung.

CECILY. Oh!

ALGERNON. In einer halben Stunde bin ich wieder da.

CECILY. Angesichts der Tatsache, daß wir schon seit dem 14. Februar verlobt sind, und daß ich dir erst heute zum ersten Mal begegnet bin, meine ich, es ist doch ziemlich bitter, daß du mich für eine ganze halbe Stunde verlassen willst. Könntest du nicht in zwanzig Minuten zurück sein?

ALGERNON. Ich bin sofort zurück. *(Küßt sie und eilt den Garten hinunter.)*

CECILY. Was für ein leidenschaftlicher Junge! Sein Haar gefällt mir so gut. Ich muß mir seinen Heiratsantrag gleich ins Tagebuch notieren.

(Merriman tritt auf.)

MERRIMAN. Eine Miss Fairfax ist eben gekommen, um Mr. Worthing zu sprechen. Eine sehr dringende Angelegenheit, sagt Miss Fairfax.

CECILY. Ist Mr. Worthing denn nicht in seinem Arbeitszimmer?

MERRIMAN. Mr. Worthing ist vor einigen Minuten in Richtung Pfarrhaus weggegangen.

CECILY. Bitten Sie die Dame in den Garten; Mr. Worthing kommt sicher bald zurück. Und Sie können den Tee servieren.

MERRIMAN. Jawohl, Miss. *(Tritt ab.)*

CECILY. Miss Fairfax! Vermutlich eine der zahlreichen gutherzigen alten Damen, die Onkel Jack bei seiner philanthropischen Arbeit in London unterstützen. Ich habe nicht sehr viel übrig für Frauen, die an philanthropischer Arbeit interessiert sind. Sie sind immer so aufdringlich.

(Merriman tritt auf.)

MERRIMAN. Miss Fairfax.

(Gwendolen tritt auf. Merriman geht.)

CECILY *(ihr entgegengehend)*. Darf ich mich vorstellen. Mein Name ist Cecily Cardew.

GWENDOLEN. Cecily Cardew? *(Geht zu ihr und gibt ihr die Hand.)* Wirklich ein sehr süßer Name! Meine innere Stimme sagt mir, daß wir gute Freundinnen sein werden. Ich schätze Sie bereits mehr, als ich sagen kann. Mein erster Eindruck hat mich noch nie getäuscht.

CECILY. Wie nett von Ihnen, mich nach so relativ kurzer Bekanntschaft schon so sehr zu mögen. Setzen Sie sich doch bitte.

GWENDOLEN *(immer noch stehend)*. Ich darf doch Cecily zu Ihnen sagen, nicht wahr?

CECILY. Aber gerne!

GWENDOLEN. Und Sie werden mich immer Gwendolen nennen, ja?

CECILY. Wenn Sie wollen.

GWENDOLEN. Das ist also fest abgemacht, ja?

CECILY. Ich hoffe, ja.

(Eine Pause. Beide setzen sich.)

GWENDOLEN. Vielleicht wäre dies eine günstige Gelegenheit, um Ihnen mitzuteilen, wer ich bin. Mein Vater ist Lord Bracknell. Sie haben nie von Papa gehört, nehme ich an?

CECILY. Nicht daß ich wüßte.

GWENDOLEN. Außerhalb des Familienkreises ist Papa, wie ich zu meiner Freude sagen darf, völlig unbekannt. Das ist meiner Meinung nach auch richtig so. Das Zuhause scheint mir der eigentliche Wirkungskreis des Mannes zu sein. Und kein Zweifel, sobald ein Mann anfängt, seine häuslichen Pflichten zu vernachlässigen, wird er schrecklich feminin, nicht wahr? Und das mag ich nicht. Es macht die Männer allzu attraktiv. Cecily, Mama, deren Ansichten über Erziehung bemerkenswert streng sind, hat mich außerordentlich kurzsichtig erzogen; es gehört zu ihrer Methode; Sie haben doch wohl nichts dagegen, wenn ich Sie durch die Brille betrachte?

CECILY. O nein, ganz und gar nicht, Gwendolen. Ich habe es sehr gerne, wenn man mich betrachtet.

GWENDOLEN *(nachdem sie Cecily sorgfältig durch die Lorgnette betrachtet hat).* Sie sind zu einem kurzen Besuch hier, vermute ich.

CECILY. Aber nein! Ich wohne hier.

GWENDOLEN *(ernsthaft).* Tatsächlich? Ihre Mutter oder eine andere weibliche Verwandte vorgerückten Alters wohnt ohne Zweifel auch hier?

CECILY. Aber nein! Ich habe weder Mutter noch sonstige Verwandte.

GWENDOLEN. Tatsächlich?

CECILY. Mein lieber Vormund hat, mit der Unterstützung von Miss Prism, die schwere Aufgabe, sich um mich zu kümmern.

GWENDOLEN. Ihr Vormund?

CECILY. Ja, ich bin Mr. Worthings Mündel.

GWENDOLEN. Oh! Wie sonderbar, er sagte mir nie, daß er ein Mündel hat. Mir das zu verheimlichen! Er wird von Stunde zu Stunde interessanter. Ich bin jedoch nicht sicher, ob diese Neuigkeit mich mit Gefühlen ungemischter Freude erfüllt. *(Steht auf und geht zu Cecily.)* Ich mag Sie wirklich sehr, Cecily; ich hab Sie vom ersten Augenblick an gemocht! Aber ich muß doch sagen, jetzt wo ich weiß, daß Sie Mr. Worthings Mündel sind, kann ich nicht umhin, den Wunsch zu äußern, Sie wären – nun, ein klein wenig älter, als Sie zu sein scheinen – und im Aussehen nicht ganz so verführerisch. Ja, wenn ich offen sein darf –

CECILY. Aber bitte! Ich finde, wenn man etwas Unfreundliches zu sagen hat, sollte man immer ganz offen sein.

GWENDOLEN. Na schön, um es offen herauszusagen, Cecily, ich wünschte, Sie wären mindestens zweiundvierzig und für Ihr Alter überdurchschnittlich reizlos. Ernst hat einen starken, aufrechten Charakter. Er ist ehrlich und ehrbar bis ins Mark. Treulosigkeit wäre ihm so unmöglich wie Betrug. Aber selbst Männer von erhabenster moralischer Gesinnung sind äußerst anfällig gegen den Einfluß körperlicher Reize. Die Geschichte der Neuzeit ebenso wie das Klassische Altertum bietet uns zahlreiche höchst schmerzliche Belege dafür. Wäre dem nicht so, wären die Geschichtsbücher in der Tat völlig ungenießbar.

CECILY. Entschuldigen Sie bitte, Gwendolen, sagten Sie eben »Ernst«?

GWENDOLEN. Ja.

CECILY. Oh, aber mein Vormund ist nicht Mr. Ernst Worthing, sondern sein Bruder – sein älterer Bruder.

GWENDOLEN *(setzt sich wieder)*. Ernst hat nie erwähnt, daß er einen Bruder hat.

CECILY. Ja, ich muß leider sagen, daß sie seit langem schlecht aufeinander zu sprechen sind.

GWENDOLEN. Ah, das erklärt alles. Und jetzt, wo ich daran denke, ich habe eigentlich nie gehört, daß ein Mann seinen Bruder erwähnt. Die meisten Männer scheinen die Thematik nicht zu mögen. Cecily, mir ist ein Stein vom Herzen gefallen. Mir war schon fast bange zumute. Es wäre schrecklich gewesen, wenn irgendeine finstere Wolke unsere innige Freundschaft verdüstert hätte, nicht wahr? Sie sind natürlich ganz, ganz sicher, es ist nicht Mr. Ernst Worthing, den Sie zum Vormund haben?

CECILY. Ganz sicher. *(Eine Pause.)* Offen gesagt, ich bin bald die Seine.

GWENDOLEN *(forschend)*. Wie bitte?

CECILY *(ziemlich schüchtern und vertraulich)*. Liebste Gwendolen, es gibt keinen Grund, warum ich es vor Ihnen geheimhalten sollte. Die Lokalzeitung wird es ohnehin nächste Woche bringen. Mr. Ernst Worthing und ich sind verlobt und wollen heiraten.

GWENDOLEN *(sehr höflich, aufstehend).* Meine teure Cecily, ich glaube, hier muß ein kleiner Irrtum vorliegen. Mr. Ernst Worthing ist mit mir verlobt. Die Anzeige erscheint spätestens am Samstag in der »Morning Post«.

CECILY *(sehr höflich, aufstehend).* Ich fürchte, Sie befinden sich in einem Irrtum. Ernst hat mir vor genau zehn Minuten einen Heiratsantrag gemacht. *(Zeigt ihr Tagebuch.)*

GWENDOLEN *(studiert das Tagebuch sorgfältig durch die Lorgnette).* Das ist sehr merkwürdig, denn um fünf Uhr dreißig gestern nachmittag bat er mich, seine Frau zu werden. Wenn Sie sich selbst von dem Vorfall überzeugen wollen, bitteschön. *(Zeigt ihr eigenes Tagebuch.)* Ich reise nie ohne mein Tagebuch. Im Zug sollte man immer eine spannende Lektüre haben. Es tut mir ja so leid, meine liebe Cecily, wenn das für Sie eine Enttäuschung bedeutet, ich fürchte jedoch, ich habe den älteren Anspruch.

CECILY. Es würde mich mehr betrüben, als ich sagen kann, falls es Ihnen irgendwelche geistigen oder physischen Qualen bereiten würde, aber ich fühle mich verpflichtet, Sie darauf hinzuweisen, daß Ernst sich seit seinem Antrag Ihnen gegenüber offensichtlich anders besonnen hat.

GWENDOLEN *(nachdenklich).* Wenn der arme Junge sich zu irgendwelchen törichten Versprechungen hat verleiten lassen, werde ich es als meine Pflicht betrachten, ihn zu retten, und zwar mit starker Hand.

CECILY *(nachdenklich und traurig).* In was für eine unselige Verstrickung mein lieber Junge auch geraten sein mag, ich werde es ihm nie mehr vorwerfen, wenn wir erst einmal verheiratet sind.

GWENDOLEN. Meinen Sie etwa mich, Miss Cardew, mit der Verstrickung? Sie sind unverschämt. Bei einer solchen Gelegenheit ist es mehr als eine moralische Pflicht, offen zu sagen, was man denkt. Es ist ein Vergnügen.

CECILY. Wollen Sie etwa andeuten, Miss Fairfax, ich hätte Ernst zu einer Verlobung gezwungen? Was fällt Ihnen denn eigentlich ein? Das ist nicht der Zeitpunkt, die scheinheilige Maske der Höflichkeit zu tragen. Auf einen groben Klotz gehört ein grober Keil.

GWENDOLEN *(spöttisch).* Ich bin glücklich, sagen zu können, daß ich noch nie im Leben einen Klotz gesehen habe. Es ist offensichtlich, daß wir aus gesellschaftlich völlig unterschiedlichen Sphären kommen.

(Merriman tritt auf, gefolgt von einem Diener. Er trägt ein Tablett, Tischtuch und einen Tellerständer. Cecily unterdrückt ihre Erwiderung. Die Anwesenheit der Diener zwingt beide zur Zurückhaltung; beide Mädchen leiden darunter.)

MERRIMAN. Soll ich den Tee hier servieren, wie üblich, Miss?

CECILY *(streng, mit beherrschter Stimme).* Ja, wie üblich. *(Merriman beginnt, den Tisch abzuräumen und das Tischtuch aufzulegen. Eine lange Pause. Cecily und Gwendolen starren einander an.)*

GWENDOLEN. Gibt es in der Umgebung viele interessante Spazierwege, Miss Cardew?

CECILY. O ja, sehr viele. Von einem Aussichtspunkt aus ganz in der Nähe kann man fünf Grafschaften sehen.

GWENDOLEN. Fünf Grafschaften! Ich glaube, das könnte mir nicht gefallen; ich kann Drängelei nicht ausstehen.

CECILY *(honigsüß).* Vermutlich wohnen Sie deswegen in London?

(Gwendolen beißt sich auf die Unterlippe und klopft sich nervös mit dem Sonnenschirm gegen den Fuß.)

GWENDOLEN *(sich umsehend).* Kein schlecht gepflegter Garten, Miss Cardew.

CECILY. Freut mich, daß er Ihnen gefällt, Miss Fairfax.

GWENDOLEN. Ich wußte gar nicht, daß es auf dem Lande Blumen gibt.

CECILY. Ach, Blumen sind hier so gewöhnlich, Miss Fairfax, wie die Leute in London sind.

GWENDOLEN. Ehrlich gesagt, ich kann nicht verstehen, wie jemand auf dem Lande existieren kann, falls überhaupt jemand aus den besten Kreisen dort wohnt. Das Land langweilt mich immer zu Tode.

CECILY. Ach, das ist es wohl, was die Zeitungen Agrarkrise nennen, nicht wahr? Ich glaube, der Adel hat gerade jetzt besonders hart darunter zu leiden. Es soll eine richtige Epidemie sein, habe ich gehört. Darf ich Ihnen eine Tasse Tee anbieten, Miss Fairfax?

GWENDOLEN *(übertrieben höflich).* Danke, ja. *(Beiseite.)* Abscheuliche Person! Aber ich brauche jetzt eine Tasse Tee!

CECILY *(honigsüß).* Zucker?

GWENDOLEN *(von oben herab).* Nein, danke. Zucker ist nicht mehr modern.

(Cecily blickt sie ärgerlich an, nimmt die Zuckerzange und wirft vier Würfel Zucker in die Tasse.)

CECILY *(streng).* Kuchen oder Butterbrot?

GWENDOLEN *(gelangweilt).* Butterbrot bitte. Heutzutage wird in der gehobenen Gesellschaft kaum noch Kuchen serviert.

CECILY *(schneidet ein sehr großes Stück Kuchen ab und legt es aufs Tablett).* Geben Sie das Miss Fairfax.

(Merriman tut es und geht mit dem Diener ins Haus. Gwendolen kostet den Tee und verzieht das Gesicht. Sie setzt sofort die Tasse ab, greift nach dem Butterbrot und entdeckt, daß es Kuchen ist. Empört steht sie auf.)

GWENDOLEN. Sie haben meinen Tee mit Zuckerwürfeln vollgehäuft, und obgleich ich unmißverständlich um Butterbrot gebeten hatte, haben Sie mir Kuchen gegeben. Ich bin für die außerordentliche Sanftheit und Liebenswürdigkeit meines Wesens bekannt, aber ich warne Sie, Miss Cardew, Sie gehen womöglich zu weit.

CECILY *(aufstehend).* Um meinen armen, unschuldigen,

zutraulichen Jungen vor den Intrigen einer anderen zu schützen, kann ich gar nicht weit genug gehen.

GWENDOLEN. Vom ersten Augenblick an habe ich Ihnen mißtraut. Ich merkte sofort, daß Sie falsch und hinterlistig sind. Für solche Dinge habe ich ein untrügliches Gespür. Mein erster Eindruck täuscht mich nie.

CECILY. Mir scheint, Miss Fairfax, ich nehme Ihre kostbare Zeit über Gebühr in Anspruch. Ohne Zweifel haben Sie noch viele andere Besuche ähnlicher Art in der Nachbarschaft zu machen.

(Jack tritt auf.)

GWENDOLEN *(erblickt ihn).* Ernst! Mein Ernst!

JACK. Gwendolen! Liebste! *(Will sie küssen.)*

GWENDOLEN *(zurückweichend).* Einen Augenblick! Darf ich fragen, ob du mit dieser jungen Dame hier verlobt bist? *(Deutet auf Cecily.)*

JACK *(lachend).* Mit der lieben kleinen Cecily? Natürlich nicht! Wie kommt denn ein solcher Gedanke in dein hübsches kleines Köpfchen?

GWENDOLEN. Vielen Dank. Du darfst! *(Hält die Wange hin.)*

CECILY *(sehr liebenswürdig).* Ich wußte doch, daß ein Mißverständnis vorliegen mußte, Miss Fairfax. Der Herr, dessen Arm Sie gerade umschlingt, ist mein Vormund, Mr. John Worthing.

GWENDOLEN. Wie bitte?

CECILY. Das ist Onkel Jack.

GWENDOLEN *(zurückweichend).* Jack! Oh!

(Algernon tritt auf.)

CECILY. Hier ist Ernst.

ALGERNON *(geht direkt auf Cecily zu, ohne die anderen zu bemerken).* Meine Liebste! *(Will sie küssen.)*

CECILY *(zurückweichend).* Einen Augenblick, Ernst! Darf ich dich fragen – bist du mit der jungen Dame dort verlobt?

ALGERNON *(sich umsehend).* Mit welcher jungen Dame? Gütiger Himmel! Gwendolen!

CECILY. Ja: mit gütiger Himmel, Gwendolen, ich meine, mit Gwendolen.

ALGERNON *(lachend)*. Natürlich nicht! Wie kommt denn ein solcher Gedanke in dein hübsches kleines Köpfchen?

CECILY. Vielen Dank. *(Hält ihm die Wange hin.)* Du darfst.

(Algernon küßt sie.)

GWENDOLEN. Ich spürte gleich, daß ein kleiner Irrtum vorlag, Miss Cardew. Der Herr, der Sie da eben umarmt, ist mein Vetter, Mr. Algernon Moncrieff.

CECILY *(entwindet sich Algernon)*. Algernon Moncrieff! Oh!

(Die zwei Mädchen gehen aufeinander zu und legen schützend die Arme umeinander.)

CECILY. Heißt du wirklich Algernon?

ALGERNON. Ich kann es nicht leugnen.

CECILY. Oh!

GWENDOLEN. Ist dein Name tatsächlich John?

JACK *(in ziemlich stolzer Pose)*. Ich könnte es leugnen, wenn ich wollte. Ich könnte alles leugnen, wenn ich wollte. Aber mein Name ist ohne Zweifel John. Schon seit Jahren heiße ich John.

CECILY *(zu Gwendolen)*. Wir sind beide auf einen groben Betrug hereingefallen.

GWENDOLEN. Meine arme, gekränkte Cecily!

CECILY. Meine liebe, betrogene Gwendolen!

GWENDOLEN *(langsam und ernst)*. Du wirst mich Schwester nennen, ja?

(Sie umarmen sich. Jack und Algernon stöhnen und gehen auf und ab.)

CECILY *(recht schlau)*. Da ist nur noch eine Frage, die ich meinem Vormund gerne stellen würde.

GWENDOLEN. Eine ausgezeichnete Idee! Mr. Worthing, da ist nur noch eine Frage, die ich Ihnen gerne vorlegen würde. Wo ist Ihr Bruder Ernst? Wir sind beide mit Ihrem Bruder Ernst verlobt, es ist also eine Sache von nicht geringer Bedeutung für uns, zu erfahren, wo sich Ihr Bruder Ernst gegenwärtig aufhält.

JACK *(langsam und zögernd).* Gwendolen – Cecily – es ist sehr schmerzhaft für mich, gezwungen zu sein, die Wahrheit zu sagen. Es ist das erste Mal in meinem Leben, daß ich mich in einer so peinlichen, ausweglosen Lage befinde, ich bin also in derartigen Dingen wirklich völlig unerfahren. Trotzdem will ich euch in aller Offenheit sagen, daß ich keinen Bruder Ernst habe. Ich habe überhaupt keinen Bruder. Ich hatte in meinem ganzen Leben noch keinen Bruder, und ich habe wahrlich auch nicht die geringste Absicht, in Zukunft einen zu bekommen.

CECILY *(überrascht).* Keinen Bruder?

JACK *(fröhlich).* Nein!

GWENDOLEN *(streng).* Sie hatten wirklich niemals einen Bruder irgendwelcher Art?

JACK *(liebenswürdig).* Niemals. Nicht einmal irgendwelcher Art.

GWENDOLEN. Ich fürchte, es ist nur allzu klar, Cecily, daß keine von uns mit irgend jemandem verlobt ist.

CECILY. Nicht gerade eine angenehme Lage für ein junges Mädchen, in der man sich da plötzlich befindet. Nicht wahr?

GWENDOLEN. Komm, wir gehen ins Haus. Dahin folgen sie uns bestimmt nicht.

CECILY. Nein, die Männer sind ja so feige, nicht wahr? *(Mit verächtlichen Blicken gehen sie ins Haus.)*

JACK. Diese gräßliche Situation ist vermutlich das, was du Bunburysieren nennst?

ALGERNON. Ja, und es ist wirklich ein ganz prächtiges Bunbury. Das prächtigste Bunbury meines ganzen Lebens.

JACK. Ha, du hast aber nicht das geringste Recht, hier zu bunburysieren.

ALGERNON. Das ist doch absurd. Man hat ein Recht zu bunburysieren, wo es einem gefällt. Jeder ernsthafte Bunburyaner weiß das.

JACK. Ernsthafter Bunburyaner? Du lieber Himmel!

ALGERNON. Tja, für die eine oder andere Sache muß man etwas Ernst aufbringen, wenn man etwas Spaß im Leben haben will. Ich nehme nun einmal das Bunburysieren ernst. Womit du dich ernsthaft beschäftigst, davon habe ich wirklich nicht die leiseste Ahnung. Vermutlich nimmst du alles ernst. Du bist ja ein durch und durch trivialer Mensch.

JACK. Ha, die einzige kleine Genugtuung, die ich bei dieser ganzen verfahrenen Geschichte empfinden kann, ist, daß es deinen Freund Bunbury ganz schön zerrissen hat. Du wirst nicht mehr ganz so oft aufs Land gehen können wie früher, lieber Algy. Wahrlich, ein großer Fortschritt.

ALGERNON. Dein Bruder ist auch nicht mehr ganz der alte, nicht wahr, lieber Jack? Du wirst nicht mehr ganz so häufig nach London verschwinden können, wie es deine lasterhafte Gewohnheit war. Wahrlich, kein kleiner Fortschritt.

JACK. Was dein Benehmen gegenüber Miss Cardew betrifft, so muß ich sagen, daß deine Art, ein so süßes, einfaches, unschuldiges Mädchen zu verführen, ganz unentschuldbar ist. Ganz zu schweigen von der Tatsache, daß sie mein Mündel ist.

ALGERNON. Und ich kann mir keinerlei Rechtfertigung vorstellen für deine Art und Weise, eine brillante, gescheite, außerordentlich erfahrene junge Dame wie Miss Fairfax zu täuschen. Ganz zu schweigen von der Tatsache, daß sie meine Cousine ist.

JACK. Ich wollte mich mit Gwendolen verloben, das ist alles, ich liebe sie.

ALGERNON. Na und – ich wollte mich mit Cecily verloben. Ich bete sie an.

JACK. Es ist völlig ausgeschlossen, daß du Miss Cardew heiratest.

ALGERNON. Ich glaube, es ist nicht sehr wahrscheinlich, Jack, daß du und Miss Fairfax je ein Paar werden.

JACK. Kümmere dich um deine eigenen Geschäfte.

ALGERNON. Bitte, sprich nicht von Geschäften. *(Er fängt an, Butterbrote zu essen.)* Es ist sehr vulgär, von seinen Geschäften zu sprechen. Nur Börsenmakler tun das, und immer nur bei Abendgesellschaften.

JACK. Wie du so dasitzen und in aller Ruhe Butterbrote essen kannst, wo wir doch in dieser fürchterlichen Klemme stecken, das begreife ich nicht. Du scheinst wirklich ein Herz aus Stein zu haben.

ALGERNON. Nun, ich kann Butterbrote doch nicht auf eine hektische Art und Weise essen. Wahrscheinlich würde ich mir dabei die Manschetten beklecksen. Man sollte Butterbrote immer in aller Ruhe essen. Es ist die einzig richtige Art, sie zu essen.

JACK. Ich wollte sagen, es ist völlig herzlos von dir, unter den gegebenen Umständen überhaupt Butterbrote zu essen.

ALGERNON. Wenn ich in einer Klemme stecke, ist Essen das einzige, was mich tröstet. Ja, wenn ich in wirklich großen Schwierigkeiten bin – wer mich näher kennt, wird dir das bestätigen –, verweigere ich alles außer Essen und Trinken. Im Augenblick esse ich Butterbrote, weil ich unglücklich bin. Außerdem esse ich Butterbrote ganz besonders gerne. *(Steht auf.)*

JACK *(steht auf)*. Na schön, das ist aber noch kein Grund, auf diese gierige Weise gleich alle aufzuessen. *(Nimmt Algernon die Butterbrote weg.)*

ALGERNON *(bietet ihm den Kuchen an)*. Es wäre besser, wenn du Kuchen essen würdest. Ich mag Kuchen nicht.

JACK. Du lieber Himmel! Man wird doch wohl noch seine eigenen Butterbrote in seinem eigenen Garten essen dürfen.

ALGERNON. Aber eben sagtest du doch, es sei völlig herzlos, Butterbrote zu essen.

JACK. Ich sagte, es ist völlig herzlos von dir, unter den gegebenen Umständen. Das ist etwas völlig anderes.

ALGERNON. Schon möglich. Aber es sind dieselben Butterbrote. *(Er nimmt Jack den Teller mit den Butterbroten weg.)*

JACK. Algy, ich meine wirklich, du solltest jetzt endlich gehen.

ALGERNON. Du kannst mich doch unmöglich gehen lassen ohne mein Abendessen. Das ist doch absurd. Ich gehe nie vor dem Abendessen. Kein Mensch tut so etwas, höchstens Vegetarier und derartige Leute. Außerdem habe ich gerade eine Verabredung mit Dr. Chasuble getroffen, um mich Viertel vor sechs auf den Namen Ernst taufen zu lassen.

JACK. Mein lieber Junge, den Unsinn kannst du dir sofort aus dem Kopf schlagen. Ich habe mich bereits heute morgen mit Dr. Chasuble verabredet, um mich selbst um halb sechs taufen zu lassen, selbstverständlich auf den Namen Ernst. Gwendolen besteht darauf. Wir können nicht beide Ernst getauft werden. Das ist absurd. Außerdem habe ich einen durchaus berechtigten Anspruch, mich taufen zu lassen, wenn ich will. Es gibt nicht den geringsten Beweis dafür, daß ich schon einmal von irgend jemandem getauft wurde. Meiner Meinung nach ist es sogar höchst unwahrscheinlich, und Dr. Chasuble denkt ebenso. Dein Fall liegt völlig anders. Du bist bereits getauft.

ALGERNON. Ja, aber ich bin schon seit Jahren nicht mehr getauft worden.

JACK. Ja, aber du bist getauft. Darauf kommt es an.

ALGERNON. Durchaus. Daher weiß ich auch, daß ich es gesundheitlich verkraften kann. Wenn du nicht mit Sicherheit weißt, ob du je getauft wurdest, dann muß ich schon sagen, halte ich es für ziemlich gefährlich, daß du dich jetzt auf ein solches Risiko einläßt. Es könnte dir sehr schlecht bekommen. Du kannst doch kaum vergessen haben, daß ein enger Vertrauter von dir erst diese Woche von einer schweren Erkältung in Paris fast hinweggerafft wurde.

JACK. Ja, aber du hast ja selbst gesagt, daß eine schwere Erkältung nicht erblich ist.

ALGERNON. Früher nicht, ich weiß – aber heute schon eher. Die Wissenschaft ist laufend damit beschäftigt, alles auf wunderbare Weise zu verbessern.

JACK *(nimmt den Teller mit den Butterbroten in die Hand).* Ach, das ist doch Unsinn; du redest doch immer nur Unsinn.

ALGERNON. Jack, du machst dich schon wieder über die Butterbrote her! Das solltest du wirklich nicht tun. Es sind nur noch zwei übrig. *(Nimmt sie.)* Ich sagte dir doch, daß ich Butterbrote ganz besonders mag.

JACK. Aber ich mag keinen Kuchen.

ALGERNON. Warum in aller Welt läßt du dann deinen Gästen Kuchen vorsetzen? Was hast du nur für Vorstellungen von Gastfreundlichkeit!

JACK. Algernon! Ich habe dir bereits gesagt, du sollst gehen. Ich will nicht, daß du hierbleibst. Warum gehst du nicht endlich?

ALGERNON. Ich habe meinen Tee doch noch nicht ausgetrunken! Und dieses letzte Butterbrot ist noch zu essen. *(Jack stöhnt und sinkt auf einen Stuhl. Algernon ißt weiter.)*

Vorhang.

Dritter Akt

Salon im Manor House.

(Gwendolen und Cecily stehen am Fenster und blicken in den Garten hinaus.)

GWENDOLEN. Die Tatsache, daß sie uns nicht sofort ins Haus gefolgt sind, was jeder andere getan hätte, scheint mir zu beweisen, daß sie noch einen Rest von Schamgefühl besitzen.

CECILY. Sie haben die ganze Zeit über Butterbrote gegessen. Das sieht nach Reue aus.

GWENDOLEN *(nach einer Pause)*. Sie scheinen uns überhaupt nicht zu bemerken. Könntest du nicht mal husten?

CECILY. Ich habe aber keinen Husten.

GWENDOLEN. Sie schauen herüber. So eine Unverschämtheit!

CECILY. Sie kommen. So eine Frechheit!

GWENDOLEN. Wir wollen ein würdevolles Schweigen bewahren.

CECILY. Richtig. Es bleibt uns nichts anderes übrig.

(Jack kommt herein, gefolgt von Algernon. Sie pfeifen irgendeinen fürchterlichen Schlager aus einer englischen Operette.)

GWENDOLEN. Dieses würdevolle Schweigen scheint eine unangenehme Wirkung zu haben.

CECILY. Eine höchst geschmacklose.

GWENDOLEN. Aber wir werden auf keinen Fall zuerst das Wort ergreifen.

CECILY. Auf keinen Fall.

GWENDOLEN. Mr. Worthing, ich muß Ihnen eine sehr delikate Frage stellen. Von Ihrer Antwort hängt viel ab.

CECILY. Gwendolen, du bist ein Genie. Mr. Moncrieff, würden Sie mir gütigst die folgende Frage beantworten. Warum haben Sie vorgetäuscht, der Bruder meines Vormunds zu sein?

ALGERNON. Um eine Gelegenheit zu haben, Sie kennenzulernen.

CECILY *(zu Gwendolen)*. Das scheint zweifellos eine befriedigende Erklärung zu sein, nicht wahr?

GWENDOLEN. Gewiß, meine Liebe, wenn du ihm glauben kannst.

CECILY. Kein Wort. Aber das ändert nichts an der wundervollen Schönheit seiner Antwort.

GWENDOLEN. Richtig. Bei ernsten Lebensfragen ist Eleganz, nicht Ehrlichkeit das Entscheidende. Mr. Worthing, welche Erklärung können Sie mir dafür geben, daß Sie einen Bruder vorgetäuscht haben? Um eine Gelegenheit zu haben, nach London zu kommen, um mich so oft wie möglich zu treffen?

JACK. Können Sie denn daran zweifeln, Miss Fairfax?

GWENDOLEN. Ich habe die ernstesten Zweifel. Aber ich will sie zum Schweigen bringen. Dies ist nicht der Augenblick für deutschen Skeptizismus. *(Geht zu Cecily.)* Ihre Erklärungen wirken recht zufriedenstellend, besonders die von Mr. Worthing. Es scheint die reine und volle Wahrheit zu sein.

CECILY. Ich bin mehr als zufrieden mit dem, was Mr. Moncrieff sagte. Seine Stimme allein flößt einem absolute Leichtgläubigkeit ein.

GWENDOLEN. Du meinst also, wir sollten ihnen verzeihen?

CECILY. Ja. Das heißt nein.

GWENDOLEN. Richtig! Ich hatte es ganz vergessen. Es stehen Prinzipien auf dem Spiel, die man nicht preisgeben kann. Welche von uns beiden soll es ihnen beibringen? Es ist keine angenehme Aufgabe.

CECILY. Könnten wir nicht beide gleichzeitig sprechen?

GWENDOLEN. Eine ausgezeichnete Idee! Ich spreche fast immer zur gleichen Zeit wie andere Leute. Ich gebe den Takt an, ja?

CECILY. Gut.

(Gwendolen schlägt mit erhobenem Finger den Takt.)

GWENDOLEN UND CECILY *(gleichzeitig)*. Eure Vornamen sind immer noch ein unüberwindliches Hindernis. Das ist alles!

JACK UND ALGERNON *(gleichzeitig)*. Unsere Vornamen? Ist das alles? Aber wir werden heute nachmittag getauft.

GWENDOLEN *(zu Jack)*. Um meinetwillen bist du bereit, diese schreckliche Sache zu ertragen?

JACK. Jawohl.

CECILY *(zu Algernon)*. Um mir einen Gefallen zu tun, bist du bereit, dich dieser furchtbaren Prüfung zu unterziehen?

ALGERNON. Jawohl!

GWENDOLEN. Wie absurd es doch ist, von der Gleichberechtigung der Geschlechter zu sprechen! Wo es um Fragen der Selbstaufopferung geht, sind Männer uns unendlich überlegen.

JACK. Jawohl. *(Handschlag mit Algernon.)*

CECILY. Sie haben Anwandlungen von physischer Tapferkeit, von der wir Frauen keine Ahnung haben.

GWENDOLEN *(zu Jack)*. Liebster!

ALGERNON *(zu Cecily)*. Liebste! *(Sie umarmen sich.)*

(Merriman tritt auf. Angesichts der Situation hustet er laut.)

MERRIMAN. Hm! Hm! Lady Bracknell.

JACK. Gütiger Himmel!

(Lady Bracknell tritt auf. Die Paare fahren auseinander. Merriman geht ab.)

LADY BRACKNELL. Gwendolen! Was soll das heißen?

GWENDOLEN. Nur daß ich mit Mr. Worthing verlobt bin, Mama.

LADY BRACKNELL. Komm her. Setz dich. Setz dich sofort. Zögern ist immer ein Anzeichen von geistigem Verfall in der Jugend, von physischer Schwachheit im Alter. *(Wendet sich an Jack.)* In Kenntnis gesetzt, Sir, über die plötzliche Flucht meiner Tochter durch ihr treues Dienstmädchen, dessen Vertrauen ich mir vermittels einer kleinen Münze erkauft hatte, folgte ich ihr sofort auf einem Güterzug. Ihr unglücklicher Vater hat glücklicherweise, muß ich sagen, den Eindruck, sie besuche einen ungewöhnlich langen Vortrag im Rahmen der universitären Abendkurse über den Einfluß eines gesicherten Einkommens auf das menschliche Denken. Ich habe nicht vor, ihm seine Illusion zu zerstören. Ja, ich habe ihm eigentlich noch nie irgendwelche Illusionen zerstört. Es wäre unmoralisch. Aber Sie werden natürlich gefälligst verstehen, daß jegliche Verbindung zwischen Ihnen und meiner Tochter sofort, von diesem Augenblick an, aufzuhören hat. In diesem Punkt, wie überhaupt in allen Punkten, bin ich unnachgiebig.

JACK. Ich bin mit Gwendolen verlobt, Lady Bracknell!

LADY BRACKNELL. Sie sind nichts dergleichen, Sir. Und nun zu Algernon! ... Algernon!

ALGERNON. Ja, Tante Augusta.

LADY BRACKNELL. Darf ich fragen, ob dies das Haus ist, wo dein kranker Freund Mr. Bunbury wohnt?

ALGERNON *(stotternd)*. O nein! Bunbury wohnt nicht hier. Bunbury ist momentan woanders. Um genau zu sein, Bunbury ist tot.

LADY BRACKNELL. Tot! Wann ist Mr. Bunbury denn gestorben? Sein Tod muß ja außerordentlich plötzlich eingetreten sein.

ALGERNON *(leichthin)*. Oh! Ich habe Bunbury heute nachmittag aus dem Weg geschafft. Ich meine, der arme Bunbury starb heute nachmittag.

LADY BRACKNELL. Woran ist er denn gestorben?

ALGERNON. Bunbury? Oh, es hat ihn ganz schön zerrissen.

LADY BRACKNELL. Zerrissen? War er denn das Opfer eines revolutionären Bombenanschlags? Ich wußte gar nicht, daß Mr. Bunbury sozial engagiert war. Wenn ja, so ist er für seine Dekadenz geziemend bestraft worden.

ALGERNON. Meine liebe Tante Augusta, ich wollte sagen, er

wurde entdeckt! Die Ärzte entdeckten, daß Bunbury nicht mehr leben konnte, das meinte ich – daraufhin ist Bunbury gestorben.

LADY BRACKNELL. Er scheint ja großes Vertrauen in die Diagnose seiner Ärzte besessen zu haben. Ich bin jedoch froh, daß er sich letzten Endes doch noch auf einen eindeutigen Kurs festgelegt hat und sich dabei von medizinischen Fachleuten beraten ließ. Und nun, da wir endlich diesen Mr. Bunbury los sind, darf ich fragen, Mr. Worthing, wer die junge Person dort ist, deren Hand mein Neffe Algernon gerade in einer, wie mir dünkt, besonders überflüssigen Art und Weise hält?

JACK. Die Dame dort ist Miss Cecily Cardew, mein Mündel.

(Lady Bracknell grüßt Cecily kühl durch Kopfnicken.)

ALGERNON. Ich bin mit Cecily verlobt, Tante Augusta.

LADY BRACKNELL. Wie bitte?

CECILY. Mr. Moncrieff und ich sind verlobt und möchten heiraten, Lady Bracknell.

LADY BRACKNELL *(schaudert, geht zum Sofa hinüber und setzt sich).* Ich weiß nicht, ob es etwas besonders Stimulierendes in der Luft dieses Teils von Hertfordshire gibt, aber die Zahl der Verlobungen, die hier auftreten, scheint mir doch erheblich über dem geziemenden Durchschnitt zu liegen, den die Statistiken zu unserer Orientierung festgelegt haben. Ich denke, eine vorläufige Ermittlung meinerseits wäre nicht fehl am Platze. Mr. Worthing, ist Miss Cardew irgendwie mit irgendeinem der größeren Bahnhöfe in London verwandt? Es ist eine reine Informationsfrage. Bis gestern hatte ich keine Ahnung, daß es Familien oder Personen gibt, deren Ursprung eine Endstation ist.

(Jack blickt fürchterlich wütend drein, aber beherrscht sich.)

JACK *(mit eisiger, klarer Stimme).* Miss Cardew ist die Enkelin des verstorbenen Mr. Thomas Cardew, Belgrave

Square 149, Südwest-London; Gervase Park, Dorking, in Surrey; Sporran, Fifeshire, in Schottland.

LADY BRACKNELL. Das klingt nicht unbefriedigend. Drei Adressen flößen immer Vertrauen ein, sogar bei Geschäftsleuten. Aber welchen Beweis habe ich für ihre Richtigkeit?

JACK. Ich habe die Register der hoffähigen Personen jener Zeit sorgfältig aufbewahrt. Sie können sie gerne kontrollieren, Lady Bracknell.

LADY BRACKNELL *(bissig)*. Mir sind in dieser Publikation schon kuriose Druckfehler begegnet.

JACK. Miss Cardews Hausanwälte sind die Herren Markby, Markby und Markby.

LADY BRACKNELL. Markby, Markby und Markby? Eine höchst angesehene Firma auf dem Gebiet. Ja, einer der Markbys soll gelegentlich sogar bei Abendgesellschaften dabei sein. Soweit bin ich zufrieden.

JACK *(sehr gereizt)*. Wie außerordentlich liebenswürdig von Ihnen, Lady Bracknell! Außerdem besitze ich, wie Sie mit Freude hören werden, Urkunden über Miss Cardews Geburt, Taufe, Keuchhusten, standesamtliche Erfassung, Impfung, Konfirmation und Masern; und zwar die deutsche wie die englische Variante der Masern.

LADY BRACKNELL. Oho! Ein ereignisreiches Leben, wie ich sehe, vielleicht aber doch etwas zu hektisch für ein junges Mädchen. Ich persönlich bin kein Freund allzu früher Erfahrungen. *(Steht auf, blickt auf die Uhr.)* Gwendolen! Es wird Zeit für die Rückfahrt. Wir haben keine Sekunde zu verlieren. Nur der Form halber, Mr. Worthing, möchte ich Sie doch fragen, ob Miss Cardew irgendwelches Vermögen ihr eigen nennt?

JACK. Oh! Ungefähr 130 000 Pfund in Staatspapieren. Das ist alles. Leben Sie wohl, Lady Bracknell. Es war mir ein Vergnügen.

LADY BRACKNELL *(setzt sich wieder)*. Einen Augenblick, Mr. Worthing. Einhundertunddreißigtausend Pfund! Und in

Staatspapieren! Miss Cardew scheint mir eine höchst attraktive junge Dame zu sein, jetzt wo ich sie genauer betrachte. Nur wenige Mädchen besitzen heutzutage wirklich echte Talente, Talente, die dauern und sich mit der Zeit noch steigern. Wir leben bedauerlicherweise in einem oberflächlichen Zeitalter. *(Zu Cecily.)* Kommen Sie her, Kindchen.

(Cecily geht zu ihr.)

Reizendes Kind! Ihr Kleidchen ist von deprimierender Schlichtheit und Ihr Haar wirkt fast wie ein Naturprodukt. Aber das läßt sich alles ändern. Ein geschicktes französisches Dienstmädchen vollbringt in kürzester Zeit wahre Wunder. Ich erinnere mich, der jungen Lady Lancing eines empfohlen zu haben, und nach drei Monaten kannte sie ihr eigener Mann nicht mehr.

JACK. Und nach sechs Monaten kannte sie niemand mehr.

LADY BRACKNELL *(starrt Jack ein paar Augenblicke an. Dann wendet sie sich, mit geübtem Lächeln, an Cecily).* Bitte drehen Sie sich um, liebes Kind.

(Cecily dreht sich ganz um.)

Nein, die Seitenansicht möchte ich sehen.

(Cecily zeigt ihr Profil.)

Ja, ganz wie ich es erwartete. Es zeigen sich deutliche gesellschaftliche Möglichkeiten in Ihrem Profil. Die zwei schwachen Punkte unseres Zeitalters sind sein Mangel an Prinzipien und sein Mangel an Profil. Das Kinn etwas höher, Kindchen. Stil beruht weitgehend auf der Art und Weise, wie das Kinn getragen wird. Zur Zeit wird es sehr hoch getragen. Algernon!

ALGERNON. Ja, Tante Augusta!

LADY BRACKNELL. Es zeigen sich deutliche gesellschaftliche Möglichkeiten in Miss Cardews Profil.

ALGERNON. Cecily ist das süßeste, liebste, hübscheste Mädchen auf der ganzen Welt. Und ich gebe keinen Pfifferling auf gesellschaftliche Möglichkeiten.

LADY BRACKNELL. Sprich nie ehrfurchtslos von der Gesellschaft, Algernon. Nur Leute, die nicht hineinkommen können, tun das. *(Zu Cecily.)* Liebes Kind, Sie wissen natürlich, daß Algernon nichts besitzt außer Schulden. Ich halte jedoch nichts von Geldheiraten. Als ich Lord Bracknell heiratete, hatte ich keinerlei Vermögen. Ich dachte jedoch nie im Traum daran, mir dadurch den Weg verbarrikadieren zu lassen. Nun, ich muß wohl meine Einwilligung geben.

ALGERNON. Dankeschön, Tante Augusta.

LADY BRACKNELL. Cecily, du darfst mich küssen!

CECILY *(küßt sie)*. Dankeschön, Lady Bracknell.

LADY BRACKNELL. Du darfst in Zukunft auch Tante Augusta zu mir sagen.

CECILY. Danke, Tante Augusta.

LADY BRACKNELL. Die Heirat, meine ich, sollte am besten wohl recht bald stattfinden.

ALGERNON. Danke, Tante Augusta.

CECILY. Danke, Tante Augusta.

LADY BRACKNELL. Ehrlich gesagt, ich bin gegen lange Verlöbnisse. Sie geben den Leuten die Gelegenheit, den Charakter des anderen schon vor der Heirat herauszufinden, was meiner Meinung nach niemals ratsam ist.

JACK. Entschuldigen Sie, daß ich Sie unterbreche, Lady Bracknell, aber diese Verlobung ist ganz ausgeschlossen. Ich bin Miss Cardews Vormund, und sie kann ohne meine Einwilligung nicht heiraten, bis sie volljährig ist. Diese Einwilligung verweigere ich aber kategorisch.

LADY BRACKNELL. Aus welchen Gründen, darf ich fragen? Algernon ist ein äußerst, ich möchte geradezu sagen, ein auffallend akzeptabler Freier. Er hat nichts, aber scheint alles zu haben. Kann man denn mehr verlangen?

JACK. Es schmerzt mich sehr, offen zu Ihnen, Lady Bracknell, über Ihren Neffen sprechen zu müssen, es dreht sich jedoch darum, daß ich seine moralische Einstellung ganz und gar nicht billigen kann. Ich habe ihn im Verdacht, unredlich zu sein.

(Algernon und Cecily blicken ihn entrüstet an.)

LADY BRACKNELL. Unredlich! Mein Neffe Algernon? Ausgeschlossen! Er hat in Oxford studiert.

JACK. Ich fürchte, Zweifel sind bei diesem Fall gar nicht mehr möglich. Heute nachmittag, während meiner vorübergehenden Abwesenheit in London zwecks wichtiger Herzenssache, verschaffte er sich Zutritt in mein Haus vermittels der falschen Behauptung, mein Bruder zu sein. Unter einem Decknamen trank er, mein Butler hat mich soeben darüber unterrichtet, eine ganze Flasche meines Perrier-Jouet, Brut, Jahrgang 89; ich hatte diesen Champagner ausdrücklich für mich selbst reserviert. In Fortsetzung seines schändlichen Täuschungsmanövers gelang es ihm im Laufe des Nachmittags, mir die Zuneigung meines einzigen Mündels abspenstig zu machen. Anschließend blieb er zum Tee und verschlang jedes einzelne Butterbrot. Und was sein Benehmen noch kaltblütiger erscheinen läßt, ist die Tatsache, daß er von Anfang an genau wußte, daß ich keinen Bruder habe, daß ich nie einen Bruder hatte und daß ich auch nicht die Absicht habe, einen zu bekommen, gleichgültig welcher Art. Das habe ich ihm gestern nachmittag in aller Deutlichkeit selbst gesagt.

LADY BRACKNELL. Hm! Mr. Worthing, nach reiflicher Überlegung habe ich beschlossen, das Benehmen meines Neffen Ihnen gegenüber völlig zu übersehen.

JACK. Das ist sehr großzügig von Ihnen, Lady Bracknell. Meine eigene Entscheidung steht jedoch unwandelbar fest. Ich verweigere meine Einwilligung.

LADY BRACKNELL *(zu Cecily)*. Komm her, liebes Kind. *(Cecily geht zu ihr.)* Wie alt bist du, Kindchen?

CECILY. Ach, ich bin eigentlich erst achtzehn, aber auf Abendgesellschaften mache ich immer zwanzig daraus.

LADY BRACKNELL. Du hast ganz recht, eine kleine Korrektur vorzunehmen. Ja, eine Frau sollte ihr Alter niemals zu exakt angeben. Es wirkt so berechnend ... *(Sie überlegt.)* Achtzehn, auf Abendgesellschaften zwanzig. Nun, es wird nicht mehr lange dauern, bis du volljährig bist und frei von den Fesseln der Vormundschaft. Ich denke also nicht, daß die Einwilligung deines Vormunds überhaupt noch eine Rolle spielt.

JACK. Entschuldigen Sie, Lady Bracknell, daß ich Sie schon wieder unterbreche, aber ich muß Ihnen fairerweise mitteilen, daß laut Testamentsbestimmungen ihres Großvaters Miss Cardew die juristische Volljährigkeit erst mit fünfunddreißig erlangt.

LADY BRACKNELL. Das scheint mir kein gewichtiger Einwand zu sein. Fünfunddreißig ist ein sehr attraktives Alter. Die Londoner Gesellschaft ist voll von Frauen aus den allerbesten Häusern, die aus eigener und freier Entscheidung schon seit vielen Jahren fünfunddreißig sind. Lady Dumbleton ist ein gutes Beispiel. Meines Wissens ist sie fünfunddreißig geblieben, seit sie vierzig wurde, was nun schon viele Jahre zurückliegt. Ich sehe keinen Grund, warum unsere liebe Cecily in dem Alter, das Sie da erwähnen, nicht noch attraktiver sein sollte als zur Zeit. Es bedeutet einen großen Zuwachs an Vermögen.

CECILY. Algy, könntest du auf mich warten, bis ich fünfunddreißig bin?

ALGERNON. Natürlich könnte ich das, Cecily. Das weißt du genau.

CECILY. Ja, ich fühlte es instinktiv, aber ich könnte nicht so lange warten. Ich verabscheue es, auch nur fünf Minuten auf jemanden warten zu müssen. Es macht mich immer ganz ärgerlich. Ich bin selbst nicht pünktlich, ich weiß, aber ich verlange Pünktlichkeit von anderen, und Wartenmüssen, auch wenn's ums Heiraten geht, kommt nicht in Frage.

ALGERNON. Was sollen wir also tun, Cecily?

CECILY. Ich weiß es nicht, Mr. Moncrieff.

LADY BRACKNELL. Mein lieber Mr. Worthing, da Miss Cardew mit Bestimmtheit erklärt, sie könne nicht warten, bis sie fünfunddreißig ist – eine Bemerkung, die, das muß ich leider sagen, einen etwas ungeduldigen Charakter zu verraten scheint –, möchte ich Sie bitten, Ihre Entscheidung noch einmal zu überprüfen.

JACK. Aber meine liebe Lady Bracknell, der Fall liegt doch ganz und gar in Ihren eigenen Händen. Sobald Sie in meine Heirat mit Gwendolen einwilligen, werde ich mit dem größten Vergnügen Ihrem Neffen gestatten, eine Verbindung mit meinem Mündel einzugehen.

LADY BRACKNELL *(steht auf, richtet sich zu voller Größe auf)*. Sie wissen selbst nur zu gut, daß das, was Sie da vorbringen, völlig ausgeschlossen ist.

JACK. Dann ist ein leidenschaftliches Zölibat alles, was jedem von uns blüht.

LADY BRACKNELL. Das ist nicht das Los, das ich Gwendolen zugedacht habe. Algernon kann natürlich seine eigene Wahl treffen. *(Sie zieht ihre Uhr.)* Komm, Liebe!
(Gwendolen steht auf.)
Wir haben bereits fünf, wenn nicht sechs Züge verpaßt. Wenn wir noch mehr verpassen, werden wir auf dem Bahnsteig ins Gerede kommen.
(Dr. Chasuble tritt auf.)

CHASUBLE. Alles ist für die Taufzeremonien gerichtet.

LADY BRACKNELL. Die Taufzeremonien, Sir! Ist das nicht etwas voreilig?

CHASUBLE *(sieht ziemlich ratlos aus, deutet auf Jack und Algernon)*. Diese Herren haben beide ein Verlangen nach sofortiger Taufe geäußert.

LADY BRACKNELL. In ihrem Alter? Das ist doch grotesk und gottlos! Algernon, ich verbiete dir, dich taufen zu lassen. Ich dulde keine derartigen Exzesse. Lord Bracknell wäre höchst ungehalten, erführe er, daß das die Art ist, wie du deine Zeit und dein Geld verschwendest.

CHASUBLE. Soll ich das also so verstehen, daß heute nachmittag überhaupt keine Taufzeremonien stattfinden?

JACK. Ich glaube, so wie die Dinge stehen, wäre es ohne praktischen Nutzen für uns, Dr. Chasuble.

CHASUBLE. Es schmerzt mich, solche Ansichten von Ihnen zu hören, Mr. Worthing. Das klingt nach den ketzerischen Anschauungen der Wiedertäufer, Anschauungen, die ich in vier meiner noch unveröffentlichten Predigten vollständig widerlegt habe. Da Sie jedoch im Augenblick in besonders weltlicher Stimmung zu sein scheinen, will ich sofort in die Kirche zurückkehren. Ja, der Küster hat mir gerade mitgeteilt, daß Miss Prism seit anderthalb Stunden in der Sakristei auf mich wartet.

LADY BRACKNELL *(reagiert heftig)*. Miss Prism! Haben Sie eben Miss Prism gesagt?

CHASUBLE. Ja, Lady Bracknell. Ich bin im Begriff, zu ihr zu gehen.

LADY BRACKNELL. Bitte erlauben Sie, daß ich Sie noch einen Augenblick aufhalte. Die Sache könnte sich als außerordentlich wichtig für Lord Bracknell und mich erweisen. Ist diese Miss Prism ein weibliches Wesen von abschreckendem Äußeren und in weitläufigem Sinne erzieherisch tätig?

CHASUBLE *(etwas ungehalten)*. Sie ist der Inbegriff einer gebildeten Dame und die Ehrbarkeit in Person.

LADY BRACKNELL. Es handelt sich offensichtlich um ein und dieselbe Person. Darf ich fragen, welche Rolle sie in Ihrem Haushalt spielt?

CHASUBLE *(streng)*. Ich lebe im Zölibat, gnädige Frau.

JACK *(schaltet sich ein)*. Miss Prism, Lady Bracknell, ist seit drei Jahren Miss Cardews geschätzte Gouvernante und Gesellschafterin.

LADY BRACKNELL. Trotz allem, was Sie mir da über sie erzählen, muß ich sie sofort sehen. Lassen Sie sie rufen.

CHASUBLE *(blickt abseits)*. Sie nähert sich; sie naht heran. *(Miss Prism kommt eilig herein.)*

MISS PRISM. Man sagte mir, Sie erwarteten mich in der Sakristei, lieber Pastor. Seit eindreiviertel Stunden warte ich dort auf Sie. *(Sie erblickt Lady Bracknell, die sie mit steinernem Blick fixiert hat. Miss Prism erbleicht und zittert. Sie blickt sich angstvoll um, als wolle sie flüchten.)*

LADY BRACKNELL *(mit strenger, richterlicher Stimme).* Prism!

(Miss Prism senkt beschämt den Kopf.)

Hierher, Prism!

(Miss Prism kommt demütig näher.)

Prism! Wo ist das Baby?

(Allgemeine Bestürzung. Der Pastor fährt entsetzt zurück. Algernon und Jack tun so, als müßten sie Cecily und Gwendolen vor den Einzelheiten eines schrecklichen öffentlichen Skandals abschirmen.)

Vor achtundzwanzig Jahren, Prism, verließen Sie Lord Bracknells Haus, 104, Upper Grosvenor Square, betraut mit einem Kinderwagen, der ein Baby männlichen Geschlechts enthielt. Sie kehrten nie zurück. Einige Wochen später wurde, aufgrund der sorgfältigen Nachforschungen der Londoner Polizei, der Kinderwagen aufgespürt, als er um Mitternacht allein in einem entlegenen Winkel von Bayswater stand. Er enthielt das Manuskript eines dreibändigen Romans von haarsträubender Sentimentalität.

(Miss Prism reagiert unwillkürlich mit Entrüstung.)

Aber das Baby war nicht da.

(Alle blicken auf Miss Prism.)

Prism! Wo ist das Baby?

(Eine Pause.)

MISS PRISM. Lady Bracknell, ich gestehe voll Scham, daß ich es nicht weiß. Ich wäre nur zu froh, wenn ich es wüßte. Die Sache trug sich folgendermaßen zu. Am Morgen des Tages, den Sie erwähnen, ein Tag, der meinem Gedächtnis unauslöschlich eingeprägt ist, machte ich mich wie immer daran, das Baby im Kinderwagen spazierenzufahren. Ich hatte auch eine etwas alte, aber geräumige Handtasche dabei, in die ich das Manuskript eines literarischen Werkes zu legen gedachte, das ich in meinen wenigen freien Stunden geschrieben hatte. In einem Augenblick geistiger Zerstreutheit, den ich mir niemals verzeihen kann, legte ich das Manuskript in den Kinderwagen und das Baby in die Handtasche.

JACK *(der aufmerksam gelauscht hatte).* Aber wo haben Sie die Handtasche gelassen?

MISS PRISM. Fragen Sie mich nicht, Mr. Worthing.

JACK. Miss Prism, diese Sache ist für mich alles andere als unwichtig. Ich bestehe darauf, zu erfahren, wo Sie die Handtasche mit dem Kind gelassen haben.

MISS PRISM. Ich ließ sie in der Gepäckaufbewahrung in einem großen Londoner Bahnhof.

JACK. In welchem Bahnhof?

MISS PRISM *(ganz vernichtet).* Viktoria. Bahnsteig nach Brighton. *(Sie sinkt auf einen Stuhl.)*

JACK. Ich muß mich einen Augenblick auf mein Zimmer begeben. Gwendolen, warte hier auf mich.

GWENDOLEN. Wenn du nicht zu lange brauchst, werde ich mein ganzes Leben lang hier auf dich warten.

(Jack geht in großer Aufregung hinaus.)

CHASUBLE. Was, glauben Sie, hat das zu bedeuten, Lady Bracknell?

LADY BRACKNELL. Ich wage nicht einmal einen Verdacht zu hegen, Dr. Chasuble. Ich brauche Ihnen ja kaum zu sagen, daß in Familien von hohem Rang merkwürdige Zufälle nicht vorkommen sollten. Sie gelten nicht gerade als standesgemäß.

(Geräusche von oben, wie wenn jemand Koffer herumwirft. Alle blicken nach oben.)

CECILY. Onkel Jack kommt mir merkwürdig aufgeregt vor.

CHASUBLE. Ihr Vormund ist ein sehr gefühlsbetonter Mensch.

LADY BRACKNELL. Dieser Lärm ist äußerst unangenehm. Es klingt wie eine Diskussion. Ich verabscheue Diskussionen jeglicher Art. Sie sind immer vulgär und oft überzeugend.

CHASUBLE *(nach oben blickend).* Jetzt hat es aufgehört.
(Der Lärm wird doppelt so stark.)

LADY BRACKNELL. Ich wünschte, er käme bald zu irgendeinem Ergebnis.

GWENDOLEN. Diese Spannung ist schrecklich. Ich hoffe, sie hält an.
(Jack kommt herein, eine schwarze Lederhandtasche in der Hand.)

JACK *(stürzt zu Miss Prism hinüber).* Ist das die Handtasche, Miss Prism? Untersuchen Sie sie genau, bevor Sie sprechen. Das Lebensglück von mehr als einem Menschen hängt von Ihrer Antwort ab.

MISS PRISM *(ruhig).* Es scheint meine zu sein. Ja, hier ist der Kratzer, den sie beim Umkippen eines Omnibusses in der Gower Street in jüngeren und glücklicheren Tagen davontrug. Hier ist der Fleck im Futter, der durch die Explosion eines alkoholfreien Getränks verursacht wurde, in Leamington war das passiert. Und hier auf dem Schloß sind meine Initialen. Ich hatte ganz vergessen, daß ich sie in einer ausgelassenen Laune da anbringen ließ. Die Tasche ist ohne Zweifel meine. Ich bin ja so froh, sie so unerwartet zurückzuerhalten. Es war sehr beschwerlich, all die Jahre auf sie verzichten zu müssen.

JACK *(mit pathetischer Stimme).* Miss Prism, mehr ist Ihnen zurückgegeben als diese Handtasche. Ich war das Baby, das Sie hineinlegten.

MISS PRISM *(erstaunt).* Sie?

JACK *(umarmt sie).* Ja ... Mutter!

MISS PRISM *(entrüstet zurückprallend).* Mr. Worthing. Ich bin unverheiratet!

JACK. Unverheiratet! Ich kann nicht leugnen, das ist ein harter Schlag. Aber dennoch, wer hat das Recht, den ersten Stein zu werfen auf eine, die gebüßt hat? Kann nicht die Reue eine Torheit tilgen? Warum sollte es ein

Recht geben für Männer und ein anderes für Frauen? Mutter, ich verzeihe dir. *(Versucht sie wieder zu umarmen.)*

MISS PRISM *(noch entrüsteter).* Mr. Worthing, da liegt doch ein Irrtum vor. *(Sie deutet auf Lady Bracknell.)* Dort ist die Dame, die Ihnen sagen kann, wer Sie wirklich sind.

JACK *(nach einer Pause).* Lady Bracknell, ich hasse es, aufdringlich zu erscheinen, aber würden Sie mir freundlicherweise mitteilen, wer ich bin?

LADY BRACKNELL. Ich fürchte, die Nachricht, die ich für Sie habe, wird Ihnen nicht voll und ganz zusagen. Sie sind der Sohn meiner armen Schwester, Mrs. Moncrieff, und folglich Algernons älterer Bruder.

JACK. Algys älterer Bruder! Ich habe also doch einen Bruder. Ich wußte es ja, daß ich einen Bruder habe! Ich sagte doch immer, ich habe einen Bruder! Cecily – wie konntest du nur je daran zweifeln, daß ich einen Bruder habe? *(Packt Algernon.)* Dr. Chasuble, mein unglücklicher Bruder. Miss Prism, mein unglücklicher Bruder. Gwendolen, mein unglücklicher Bruder. Algy, du Früchtchen, du wirst mich in Zukunft mit mehr Respekt behandeln müssen. Du hast dich dein ganzes Leben lang mir gegenüber nicht wie ein richtiger Bruder benommen.

ALGERNON. Tja, abgesehen von heute, alter Junge, das gebe ich zu. Ich habe jedoch mein Bestes getan, obwohl ich aus der Übung war. *(Schüttelt Jack die Hand.)*

GWENDOLEN *(zu Jack).* Mein Geliebter! Aber was für ein Geliebter bist du denn jetzt? Was ist denn dein Vorname, jetzt wo du ein anderer geworden bist?

JACK. Ach herrjeh! . . . Das hatte ich ganz vergessen. Deine Entscheidung in bezug auf meinen Namen ist unumstößlich, nehme ich an?

GWENDOLEN. Ich ändere mich nie, es sei denn, meine Gefühle änderten sich.

CECILY. Was für einen edlen Charakter du hast, Gwendolen!

JACK. Dann sollte die Frage am besten sofort geklärt werden. Tante Augusta, einen Augenblick. Zu dem Zeitpunkt, als mich Miss Prism in der Handtasche zurückließ, war ich da schon getauft?

LADY BRACKNELL. Mit allem Luxus, der für Geld zu haben war, einschließlich Taufzeremonie, hatten deine närrischen Eltern dich verschwenderisch überhäuft.

JACK. Ich war also getauft! Das steht fest. Also gut, welchen Namen hat man mir gegeben? Ich bin auf das Schlimmste gefaßt.

LADY BRACKNELL. Als ältester Sohn wurdest du natürlich auf den Namen deines Vaters getauft.

JACK *(gereizt)*. Ja, aber was für einen Vornamen hatte denn mein Vater?

LADY BRACKNELL *(nachdenkend)*. Ich kann mich im Augenblick wirklich nicht daran erinnern, was der General für einen Vornamen hatte. Aber ich bin ganz sicher, er hatte einen. Er war ein komischer Kauz, gewiß. Aber erst in späteren Jahren. Und das kam vom indischen Klima und dem Eheleben und den Verdauungsstörungen und anderen Dingen dieser Art.

JACK. Algy! Kannst du dich denn nicht entsinnen, was für einen Vornamen unser Vater hatte?

ALGERNON. Mein lieber Junge, wir haben kein Wort miteinander gesprochen. Er starb, bevor ich ein Jahr alt war.

JACK. Sein Name stand doch sicher damals in den Armeelisten, nicht wahr, Tante Augusta?

LADY BRACKNELL. Der General war im Grunde genommen ein Mann des Friedens, außer in seinem Familienleben. Aber ohne Zweifel müßte sein Name in jedem militärischen Verzeichnis auftauchen.

JACK. Da stehen die Armeelisten der letzten vierzig Jahre. Diese wunderbaren Aufzeichnungen hätte ich tagtäglich studieren sollen. *(Stürzt zum Bücherschrank und reißt die Bücher heraus.)* M. Generäle ... Mallam, Maxbohm, Magley – was für gräßliche Namen die haben – Markby,

Migsby, Mobbs, Moncrieff! Leutnant 1840, Hauptmann, Oberstleutnant, Oberst, General 1869, Vornamen: Ernst John. *(Legt das Buch sehr ruhig aus der Hand und spricht ganz gelassen.)* Ich sagte dir immer, Gwendolen, mein Name ist Ernst, nicht wahr? Nun, er ist tatsächlich Ernst. Ich meine, er ist von Natur aus Ernst.

LADY BRACKNELL. Ja, jetzt erinnere ich mich, der General hieß Ernst. Ich wußte doch, ich hatte einen ganz bestimmten Grund, den Namen nicht zu mögen.

GWENDOLEN. Ernst! Mein lieber Ernst! Ich spürte es von Anfang an, daß du keinen anderen Namen haben konntest!

JACK. Gwendolen, es ist etwas Schreckliches für einen Mann, plötzlich zu entdecken, daß er sein ganzes Leben lang nichts gesagt hat als die reine Wahrheit. Kannst du mir verzeihen?

GWENDOLEN. Aber ja. Mein Gefühl sagt mir, daß du dich sicher ändern wirst.

JACK. Mein Engel!

CHASUBLE *(zu Miss Prism).* Laetitia! *(Umarmt sie.)*

MISS PRISM *(enthusiastisch).* Frederick! Endlich!

ALGERNON. Cecily! *(Umarmt sie.)* Endlich!

JACK. Gwendolen! *(Umarmt sie.)* Endlich!

LADY BRACKNELL. Mein Neffe, du scheinst mir deutliche Anzeichen von Trivialität erkennen zu lassen.

JACK. Im Gegenteil, Tante Augusta, erst jetzt ist mir zum ersten Mal in meinem Leben klar geworden, wie entscheidend wichtig es ist, ernst zu sein.

Vorhang.

Nachwort

Oscar Wilde wurde 1854 in Dublin geboren. Seine Eltern waren, gelinde ausgedrückt, ein exzentrisches Paar. Der Vater, Sir William Wilde, war ein berühmter Arzt, der sich aber auch als Archäologe und Reiseschriftsteller einen Namen machte. Obwohl er recht klein und unansehnlich war, hatte er zahlreiche Liebesaffären und uneheliche Kinder. Die Mutter dagegen war eine stattliche, hochgewachsene Schönheit; sie entwickelte jedoch später eine geradezu groteske Leibesfülle. Bernard Shaw meinte sogar, ihr Leibesumfang sei pathologisch bedingt und stehe mit Oscar Wildes Homosexualität in Zusammenhang. Zeitlebens hatte Lady Wilde den Ehrgeiz, im Mittelpunkt des öffentlichen Interesses zu stehen. In ihrer Jugend hatte sie unter dem Namen »Speranza« antibritische Gedichte und Pamphlete verfaßt, nach ihrer Heirat verwandelte sie ihre Dubliner Wohnung in einen literarischen Salon, wo mehr oder weniger bedeutende Künstler und Intellektuelle verkehrten.

Oscar Wilde schlug seiner Mutter nach – von ihr hatte er die Statur, die weichen, großflächigen Gesichtszüge, das ungeheure Selbstvertrauen, die Verachtung aller Konventionen, die Lust, zu schockieren. Er war ein brillanter Student, zuerst in Dublin, dann in Oxford. Hier schloß er sich der ästhetischen Bewegung um Ruskin, Pater und Morris an und wurde bald der bekannteste Apostel des Schönheitskults. In Wort und Schrift, Kleidung und Lebensweise stellte er das Gegenbild des bürgerlichen Konformismus dar: den Dandy. Er wurde in London zur stadtbekannten Erscheinung, seine Karikatur erschien in der satirischen Zeitschrift *Punch*, er ließ sich auf einer Vortragsreise in den Vereinigten Staaten feiern, wohnte kurze Zeit in Paris. 1884 heiratete er die Tochter eines bekannten Londoner Anwalts, 1885 und 1886 wurden die Söhne Cyril und Vyvyan geboren.

Mitte der achtziger Jahre war er in der aristokratischen

Londoner Gesellschaft als der beste Redner seiner Zeit bekannt. Oscar Wilde hatte hier sein Publikum gefunden: alter Adel, der vom sozialen Abstieg bedroht war und sich der Herrschaft des Kommerzes anzupassen suchte, aufsteigendes, protziges Bürgertum, das adlige Lebensweise kopierte. Die zahlreichen Plauderabende am Tisch der Reichen waren die direkte Vorschule für Wildes Komödien: hier entwickelte er den spritzigen Plauderton, hier waren seine Themen, seine Charaktere vorgezeichnet. Nach Aussage seiner Zeitgenossen monopolisierte Wilde niemals das Gespräch; er verstand es auf die amüsanteste Weise, sich der Stimmung der Gesellschaft anzupassen. Er war ein Genie des Bonmots, des spontanen, überraschenden Witzes, der eleganten Formulierung – der geistreichste Plauderer, den es je gab. Dabei war sein Geplauder keineswegs oberflächlich und ohne Schärfe; seine Aphorismen verraten den Scharfblick des Außenseiters, ein historisches und soziales Bewußtsein, das die Gegenwart als Übergangszeit begriff.

Zwischen 1890 und 1895 entstanden die Werke, die Oscar Wildes literarischen Ruhm begründeten: *The Picture of Dorian Gray*, *Salomé*, *Lady Windermere's Fan*, *A Woman of No Importance*, *An Ideal Husband*, *The Importance of Being Earnest*. Im Januar und Februar 1895 wurden die beiden zuletzt genannten Komödien uraufgeführt. Wenige Wochen später folgte Oscar Wildes sensationeller Sturz: er wurde wegen Homosexualität verhaftet und zu zwei Jahren Zuchthaus verurteilt.

Es mag verwundern, daß es überhaupt zu dem Prozeß kam, angesichts der Tatsache, daß in der damaligen Regierung Männer saßen, deren homosexuelle Neigungen vielen Leuten bekannt waren. Aber vielleicht war es gerade die moralische Verwundbarkeit der liberalen Partei, die sie daran hinderte, die Affäre unter den Teppich zu kehren. Man wollte sich offensichtlich im Wahljahr 1895 keine moralische Blöße geben. So wurde Oscar Wilde zu einer Art Sündenbock, auf den sich der Haß der viktorianischen Öffentlichkeit mit einer Intensität entlud, die auch heute noch erstaunt. Oscar Wilde erhielt die Höchststrafe: zwei Jahre Haft mit schwerer Arbeit. »Ich habe noch keinen Menschen mit einem ausgeprägten moralischen Urteil getroffen«, schrieb er später, »der nicht herzlos, grausam, rachsüchtig und borniert war und dem es nicht völlig an dem geringsten Sinn für Menschlichkeit fehlte. Moralische Menschen, wie man sie nennt, sind einfach wilde Tiere. Ich hätte viel lieber fünfzig natürliche Laster als eine unnatürliche Tugend. Es ist die unnatürliche Tugend, welche die Welt für die Leidenden zu einer vorzeitigen Hölle macht.«

Nach seiner Entlassung aus dem Gefängnis verließ Oscar Wilde England und lebte, häufig genug auf Kosten seiner Freunde, in Frankreich. Der Gefängnisaufenthalt hatte ihn gebrochen, das freiwillige Exil hatte ihm den lebenswichtigen Kontakt mit dem Publikum genommen. Am 30. November 1900 starb er in Paris, erst sechsundvierzig Jahre alt.

The Importance of Being Earnest gilt als Wildes bestes Werk und als eine der glänzendsten Komödien der Weltliteratur überhaupt. Sprachlicher Witz, Charakterkomik und Knalleffekte der Handlungsführung sind hier in überzeugender Weise verbunden. Das Thema der Lügnerkomödie – zugleich Wildes Lebensthema – ist das Mißverhältnis zwischen Schein und Sein. »Der Mensch ist am wenigsten er selber, wenn er in seiner eigenen Person spricht. Man gebe ihm eine Maske, und er wird die Wahrheit sagen.« »Unser wirkliches Leben ist oft ein Leben, das wir gar nicht führen.« Diese Aphorismen Wildes umreißen das Thema dieser »trivialen Komödie für ernsthafte Leute«, wie der Untertitel lautet. Was aber diese Lügnerkomödie von allen ähnlichen Komödien der Weltliteratur unterscheidet, ist, daß das Lügen hier nicht bestraft, sondern belohnt wird. Die erlogene Rolle erweist sich am Schluß als berechtigt, die erdichtete Existenz wird mit dem Geburtsrecht ausgezeichnet. Das Wunschdenken siegt über die »Wirklichkeit«.

Die Komödie spielt keineswegs in einem unwirklichen Niemandsland, wie oft behauptet wird. Sicher, es gibt rein »theatralische« Stellen und Verwicklungen, aber die Komödie wirkt um so stärker, je realistischer, in sozialer und psychologischer Hinsicht, sie inszeniert wird.
Ein Fehler, der praktisch immer gemacht wird, ist, die Figur Jacks von Anfang bis Ende nuancenlos als knochentrockenen Landjunker zu spielen, der keiner spontanen Reaktion fähig ist. Dabei ist doch gerade der Findling und soziale Aufsteiger Jack, der unbedingt in die Welt des Adels eindringen will, der Wildesche Erzlügner, der die Kunst der Verstellung beherrscht, der lügt, sobald er nur den Mund aufmacht. Weniger kraß ausgedrückt: Jack spielt mehrere Rollen gleichzeitig: er ist verantwortungsbewußter Vormund, er ist gar Friedensrichter, er spielt in London den leichtlebigen Genießer, wenn auch ohne die Begabung seines adligen Freundes Algernon, er spielt die tiefste Trauer um seinen angeblichen und angeblich gestorbenen Bruder.
Wildes Komödie lebt vom plötzlichen Rollenwechsel der Figuren, nicht nur der Hauptfigur. Jede Figur spielt mehrere Rollen, je nach Situation und Partner, ja, sogar die Tagebucheintragung wird zur koketten Selbstdarstellung. Die Auflösung des Ichs in verschiedene Rollen, das große Nietzscheanische und Freudianische Thema, ist sicher nirgendwo auf so radikale und amüsante Weise dargestellt worden. Wenn Jack am Schluß Lady Bracknell fragt: »Lady Bracknell, ich hasse es, aufdringlich zu erscheinen, aber würden Sie mir freundlicherweise mitteilen, wer ich bin?« – so ist das gewissermaßen die typische Frage des Stücks, deren Beantwortung übrigens auch die gesamte Rollenkonstellation wieder verändert.
Das Thema Schein und Sein wird hier also auf radikalkomische Weise behandelt: der Mensch als Rollenbündel, wobei sich die Frage nach dem »wahren« Ich, dem Kern der Persönlichkeit, letztlich erübrigt. Wilde hat sich über diesen Zustand des Menschen, die Zerstückelung des Ichs in Rol-

len, auch ernsthafter geäußert, z. B. in seinem Roman *Das Bildnis des Dorian Gray* und in seinem erstaunlichen Essay *Die Seele des Menschen unter dem Sozialismus.* Dort heißt es, nur im Kunstwerk könne es den ganzen und wahren Menschen geben, in der Wirklichkeit werde die Persönlichkeit durch Besitz oder die Jagd nach Besitz oder auch durch den Kampf gegen diese Wirklichkeit verkrüppelt; erst nach Abschaffung des Privateigentums durch den Sozialismus werde wahrer Individualismus möglich.

Wildes Sozialismus-Essay wird kaum je erwähnt, geschweige denn gelesen. Und doch ist die dort dargestellte Kritik der Gegenwart und die Utopie einer Gesellschaft ohne Konflikte die ernste, idealistische Folie seiner Komödien. In *The Importance of Being Earnest* lachen wir über den Widerspruch zwischen öffentlicher und privater Moral, über die groteske Macht des Geldes, über die Scheinheiligkeiten des Familienlebens, die Lügenhaftigkeit der Konventionen. Man darf nach dem Lachen jedoch auch an den Wildeschen Aphorismus denken: »Die Grundlage des Optimismus ist nichts anderes als das Entsetzen.«

Zur Textgeschichte

The Importance of Being Earnest entstand 1894 als Auftragsarbeit für den Manager des Londoner St.-James-Theaters, Sir George Alexander, der 1892 bereits *Lady Windermere's Fan* produziert und darin Lord Windermere gespielt hatte. Alexander zahlte Oscar Wilde, der trotz großer Einnahmen aus seinen Theaterstücken wieder einmal knapp bei Kasse war, sogar einen Vorschuß von 150 Pfund für das erst noch zu schreibende Stück. Es sollte im 18. Jahrhundert spielen und eine Doppelrolle (für Alexander selbst) enthalten. Während eines dreiwöchigen Familienurlaubs in Worthing an der englischen Südküste entstand der Grundriß des Stückes in den traditionellen vier Akten. Wilde schrieb jeden Akt in ein eigenes Heft, je zwei davon befinden sich heute in Amerika und im Britischen Museum (Fassung 1). Diese handschriftliche Fassung wurde gründlich revidiert, dann ließ Wilde eine maschinenschriftliche Fassung herstellen, die er auch noch stark verbesserte. Von dieser zweiten Fassung sind heute die ersten drei Akte erhalten, der vierte ist verloren. Die dritte Fassung, immer noch in vier Akten, wurde noch 1894 Alexander übergeben; dieses Manuskript ist heute nicht mehr erhalten. Teschenbergs deutsche Übersetzung von 1903 beruht jedoch wahrscheinlich auf diesem Manuskript.

Alexander meinte nun allerdings, daß das Ganze etwas gestrafft werden müsse, und er konnte nach einigem Hin und Her Wilde tatsächlich dazu bewegen, den zweiten und dritten Akt zusammenzulegen, zwei Figuren zu opfern (Anwalt Gribsby und Gärtner Moulton) und einige Textlängen zu streichen (z. B. wurde die Suche nach Jacks Namen am Schluß erheblich gekürzt). Wilde ging auf den Rat des Theaterfachmanns erstaunlich willig ein. So bemerkte er zu einer Kürzung: »Diese Szene, die Ihrer Meinung nach überflüssig ist, kostete mich schreckliche Mühe und herzzerreißende, entnervende Anstrengung. Sie glauben mir vielleicht nicht, aber ich versichere Ihnen bei meiner Ehre, daß die Szene mich sicher volle fünf Minuten Arbeit gekostet hat.«

Die endgültige Fassung des Stückes durch Oscar Wilde, so wie es am 14. Februar 1895 mit ungeheurem Erfolg uraufgeführt wurde und 1899 im Druck erschien, ist also die hier vorliegende dreiaktige Version (Fassung 4).

1957 kompilierte und rekonstruierte Oscar Wildes Sohn Vyvyan Holland eine neue Fassung in vier Akten (Fassung 5), wobei er alle erhaltenen Manuskripte zu Rate zog. Eine deutsche Übersetzung dieser vieraktigen Fassung wurde 1970 von Paul Baudisch hergestellt. Im Oktober 1980 wurde die vieraktige Version am Londoner Old-Vic-Theater aufgeführt, von der Kritik jedoch einhellig abgelehnt. Wer Wildes dreiaktige und die (zum Teil rekonstruierte) vieraktige Fassung vergleicht, wird erkennen, wie sehr das Stück durch den Einfluß Sir George Alexanders an Tempo und Dramatik gewonnen hat.

Zur Neuübersetzung

Die vorliegende Neuübersetzung* unterscheidet sich in mehrfacher Hinsicht von den bisherigen deutschen *Bunbury*-Fassungen (Hermann Freiherr von Teschenberg, Franz Blei, Carl Hagemann, Robert Gillner, Peter Zadek und Gottfried Greiffenhagen). Zum einen wird hier Wildes Text ungekürzt geboten, während alle Vorgänger mehr oder weniger kürzten, vor allem bei Wortspielen und schwierigen Stellen. Zum andern habe ich Wildes Text keinen einzigen Satz hinzugefügt – keine Anspielungen auf die bundesrepublikanische Gegenwart (vgl. Zadek-Greiffenhagen), keine seichten Späßchen (vgl. Gillner), keinen Boxkampf zwischen Algernon und Jack (mit K.-o.-Schlag Jacks, vgl. Hagemann). Daß der Übersetzer sich an den Originaltext hält, sollte eigentlich selbstverständlich sein. Leider hat Wilde die Kreativität seiner deutschen Übersetzer-Bearbeiter allzu sehr beflügelt; fast jeder versuchte, Wilde zu übertrumpfen, nicht nur in dramatischer, sondern auch in sprachlicher Hinsicht. Aus einem unmutigen »Good heavens« wird so im Deutschen »Himmelarschundzwirn!« Teutonischer Kasernenton statt britischer Untertreibung.

Besonderen Wert habe ich auf die *Sprechbarkeit* des Textes gelegt. Ein Theaterstück ist nicht für die Bibliothek, sondern für die Bühne geschrieben. Wildes Text geht leicht von der Zunge, die Sprache ist elegant, witzig und klar. Meine Übersetzung folgt möglichst genau dem Satzrhythmus des Originals. Wenn etwa im englischen Satz die Pointe im Schlußwort steckt, wurde auch der deutsche Satz so gebaut.

* Der Übersetzung liegt die Ausgabe zugrunde: Oscar Wilde, *Plays*, Harmondsworth 1980 (Penguin Books).

Die englische Satzmelodie ist bei weitem nicht so monoton wie die deutsche, der Nuancenverlust kann und muß jedoch durch die deutschen Modalpartikel – ja, doch, nun usw. – ausgeglichen werden, damit die Sätze lebendig und sprechbar werden. Ein anderes Beispiel: Im Englischen wird immer wieder das einleitende »well« gebraucht, im Deutschen muß man hier entsprechend der Situation sehr stark variieren: na, tja, gut, aber, nun, na und, ha, hä usw. usw. Alle Sätze und Dialoge dieser Übersetzung sind jedenfalls der Probe durch Zunge und Ohr unterworfen worden.
Ein weiterer Punkt, der mir besonders am Herzen lag, ist, daß die *Sprechweise* der einzelnen Figuren keineswegs so einheitlich ist, wie das in den bisherigen deutschen Übersetzungen den Anschein hatte. Lady Bracknell spricht barockbombastisch, ihre Tochter Gwendolen frühreif-intellektuell, Jacks Sprache verrät oft den juristischen Hintergrund. Daß die Hauptfigur des Stückes »J. P.« ist, also »Justice of the Peace« (Friedensrichter), vermerkte lediglich die 1903 veröffentlichte Übersetzung von Teschenbergs, keiner der späteren Übersetzer hat diese Personenangabe ins Deutsche übersetzt. So entgingen dem deutschen Leser wichtige sprachliche, komische und gesellschaftskritische Nuancen. Es war also notwendig, durch die stilistische Verwendung von Fremdwörtern, Fachsprache und dgl. der Personencharakterisierung des Originals gerecht zu werden. Insgesamt ist die Sprache der Wildeschen Figuren stilistisch gehobener, exzentrischer, kontrastreicher, paradoxer, als die bisherigen deutschen Übersetzungen durchblicken ließen.
Die vorliegende Übersetzung ist im Sog der Begeisterung nach einer englischsprachigen Aufführung meiner Germersheimer Studententruppe entstanden. Hoffentlich wird *Bunbury* auch in dieser deutschen Kostümierung noch den menschenfreundlichen – und daher oft so aggressiven – Witz seines genialen Erzeugers erkennen lassen.

Rainer Kohlmayer

Oscar Wilde

IN RECLAMS UNIVERSAL-BIBLIOTHEK

Das Bildnis des Dorian Gray. (Ingrid Rein / Ulrich Horstmann) 336 S. UB 5008 – auch geb.

Bunbury oder Es ist wichtig, Ernst zu sein. Eine triviale Komödie für ernsthafte Leute. (Rainer Kohlmayer) 92 S. UB 8498

The Canterville Ghost. A Hylo-Idealistic Romance. (Karin Friedmann) (Fremdsprachentexte) 63 S. UB 9177

Eine Frau ohne Bedeutung. Komödie in vier Akten. (Kuno Epple) 79 S. UB 8780

Das Gespenst von Canterville. Eine hylo-idealistische Romanze. (Ernst Sander) 48 S. UB 6817

Der glückliche Prinz und andere Märchen. (Ernst Sander) 71 S. UB 6865

The Happy Prince and Other Tales. (Eva-Maria König) (Fremdsprachentexte) 91 S. UB 9293

Ein idealer Gatte. Komödie in vier Akten. (Rainer Kohlmayer) 151 S. UB 8641

The Importance of Being Earnest. A Trivial Comedy for Serious People. (Manfred Pfister) (Fremdsprachentexte) 141 S. UB 9267

Lady Windermeres Fächer. Komödie in vier Akten. (Kuno Epple) 72 S. UB 8981

Lady Windermere's Fan. A Play about a Good Woman. (John Poziemski) (Fremdsprachentexte) 101 S. UB 9187

Salome. Tragödie in einem Akt. (Hedwig Lachmann / Ulrich Karthaus) 69 S. 8 Ill. UB 4497

Philipp Reclam jun. Stuttgart

Die englische Literatur in Text und Darstellung

Gesamtherausgeber: Raimund Borgmeier

Band 1: Mittelalter. (Heinz Bergner) 544 S. UB 7764
Band 2: 16. Jahrhundert. (Horst Weinstock) 512 S. UB 7765
Band 3: 17. Jahrhundert I. (Rainer Lengeler) 398 S. UB 7766
Band 4: 17. Jahrhundert II. (Elmar Lehmann) 414 S. UB 7767
Band 5: 18. Jahrhundert I. (Dietrich Rolle) 452 S. UB 7768
Band 6: 18. Jahrhundert II. (Walter Pache) 462 S. UB 7769
Band 7: 19. Jahrhundert I. (Raimund Borgmeier) 416 S. UB 7770
Band 8: 19. Jahrhundert II. (Bernhard Reitz) 519 S. UB 7771
Band 9: 20. Jahrhundert I. (Hans Ulrich Seeber) 464 S. UB 7772
Band 10: 20. Jahrhundert II. (Raimund Borgmeier und Bernhard Reitz) 448 S. UB 7773

Auch in Kassette lieferbar.

Einen hervorragenden Weg zur englischen Literatur eröffnet die Reclam-Reihe *Die englische Literatur in Text und Darstellung*. Zehn Bände führen vom Mittelalter bis in die Gegenwart. Die bisher erschienenen Bände sind überzeugend in der Auswahl der Texte und der Konzeption. Allgemeine Einleitungen und Einführungen zu den Werken wecken das Verständnis. Da alle Texte englisch und deutsch gebracht werden, kann man immer der originalen Gestalt begegnen. Alle Gattungen sind vertreten, und bibliographische Anhänge geben weiterführende Hinweise und Hilfen. *Bayerischer Rundfunk*
